I0057170

www.ingramcontent.com/pod-product-compliance
Lightning Source LLC
Chambersburg PA
CBHW011159220326
41597CB00026BA/4670
* 9 7 8 1 9 8 9 8 8 0 1 6 6 *

به نام عشق

سریال کتاب: P2145120017

سرشناسه: PRV 2021

عنوان: چهل گفتار چیرامون مدیریت ورهبری در کسب و کار

زیر شاخه عنوان: به قلم مدرس دانشگاه و مشاور و محقق بازاریابی

پدید آورنده: پرویز درگی

شابک کانادا: ISBN: 978-1-989880-16-6

موضوع: موفقیت، خودشناسی، مدیریت رهبری، کسب و کار

متا دیتا: Leadership , Business

مشخصات کتاب: Paperback

تعداد صفحات: 260

تاریخ نشر در کانادا: March ۲۰۲۱

تاریخ نشر اولیه: ۱۹۹۲

Kidsocado Publishing House

خانه انتشارات کیدزوکادو

ونکوور، کانادا

تلفن : ‎+1 (833) 633 8654‎
واتس آپ: ‎+1 (236) 333 7248‎
ایمیل : info@kidsocado.com
وبسایت انتشارات: https://kidsocadopublishinghouse.com

وبسایت فروشگاه: https://kphclub.com

سلام هم زبان

دستیابی ایرانیان مقیم خارج از کشور به کتاب های بسیار متنوع و جدیدی که به تازگی در ایران نگاشته و چاپ می شود، محدود است. ما قصد داریم این خدمت را به فارسی زبانان دنیا هدیه دهیم تا آنها بتوانند مانند شما با یک کلیک در آمازون یا دیگر انتشارات آنلاین کتابهایی در زمینه های مختلف را خریداری کنند و درب منزل تحویل بگیرند.

خانه انتشارات کیدزوکادو تحت حمایت مجموعه آموزشی کیدزوکادو این افتخار را دارد تا برای اولین بار کتاب‌های با ارزش فارسی را که با زبان فارسی نگارش شده است از شرکت های انتشاراتی بزرگ آن لاین مانند آمازون و ایی بی بارنز اند نابل و هم چنین وبسایت خود انتشارات در اختیار ایرانیان مقیم خارج از ایران قرار دهد.

از اینکه توانستیم کتابهای جدید و با ارزشی که به قلم عالی نویسنده گان و نخبگان خوب ایرانی نگاشته شده است را در اختیار شما قرار دهیم بسیار احساس رضایتمندی داریم

این کتاب ها تحت اجازه مستقیم نویسنده و یا انتشارات کتاب صورت گرفته و درآمد حاصله بعد از کسر هزینه‌ها، به نویسنده پرداخته می شود.

خانه انتشارات کیدزوکادو در قبال مطالب داخل کتاب هیچگونه مسئولیتی ندارد و صرفاً به عنوان یک پخش کننده است. و شما خواننده عزیز ما را با گذاشتن نظرات در وب سایتی که کتاب را تهیه کرده‌اید به این کار فرهنگی دلگرمتر کنید. از کامنتی که در برگیرنده نظرتان نسبت به کتاب است عکس بگیرید و برای ما به این ایمیل بفرستید از هر ۴ نفری که برایمان کامنت می فرستند، یک نفر یک کتاب رایگان دریافت می‌کند.

ایمیل :   info@kidsocado.com

چهل گفتار پیرامون
مدیریت و رهبری در کسب‌وکار

مؤلف:

پرویز درگی
مدرس دانشگاه - مشاور و محقق بازاریابی

ویراستاران:

احمد آخوندی - محسن جاویدمؤید

Kidsocado Publishing House

2021/ Canada

تقدیم به:

اساتید بزرگ منابع انسانی در سازمان مدیریت صنعتی:
دکتر بهزاد ابوالعلایی
دکتر خدایار ابیلی
دکتر شهیندخت خوارزمی

فهرست مطالب

▼

—— **فصل چهارم: ابزارهایی برای توانمندسازی مدیران** ——

پیشگفتار

"چهل گفتار" نام تازه‌ای برای سری جدید از کتابهایم است. قبلاً تعدادی کتاب با عنوان "دل گفته ها و دل نوشته های معلم بازاریابی" چاپ و منتشر می شد که شاید ادامه یابد.

"دل گفته ها و دل نوشته های معلم بازاریابی" که تاکنون سه جلد آن به نامهای ۱) دل گفته ها و دل نوشته های معلم بازاریابی، ۲) یادداشتهای معلم بازاریابی، و ۳) دل نکته های معلم بازاریابی، چاپ و توزیع شده، افزون بر دانش افزایی، در برخی مطالب ضرباهنگی عاطفی و هیجانی داشت. اما سری "چهل گفتار"، عمدتاً دارای بار دانشی است. گو آنکه به گفته‌ی ژان پیاژه، روانشناس سوئیسی و شناخت شناس پرآوازه‌ی جهانی، تفکیک شناخت و عواطف از همدیگر بسیار دشوار است.

نحوه‌ی شکل گیری مجموعه کتابهای "چهل گفتار"

من "معلم بازاریابی‌ام" و دانشجوی همیشگی بازار. زندگی و حرفه‌ام نوشتن، تدریس، مشاوره، و تحقیقات بازاریابی است.

از این رو در سر کلاس درس دانشجویانم، یا نزد مدیران به هنگام مشاوره، و یا به هنگام نوشتن پروپوزال تا جلسه‌ی پایانی ارائه‌ی گزارش

نهایی، همواره در معرض "پرسشهای بازاریابی" قرار دارم. به برکت این گنجینه‌ی پرارزش که به رایگان از دانشجویان، مدیران، و علاقه‌مندان به بازاریابی دریافت می‌کنم، به رایگان نیز پاسخ پرسشها را در سایت اینترنتی شخصی‌ام قرار می‌دهم که قابل مطالعه و در معرض دید است به نشانی www.dargi.ir.

به تجربه دریافتم هم دانشجویان، و هم مدیران به هنگام داشتن پرسشی، کمتر تمایل دارند کتابی را از آغاز تا پایان بخوانند، یا پرحوصله به صاحب‌نظرانی مجرب مراجعه کنند تا با دریافت تجربه‌ی آنان، کوششی تازه را با مرارت آغاز کنند که به پاسخ پرسش خودشان بینجامد.

مدیران می‌گویند وقتی کارتابل پر از نامه و چک است، چگونه می‌توانیم با خاطری آسوده، کتاب ۲۰۰ صفحه‌ای بخوانیم؟! یا به سراغ صاحب‌نظر پرتجربه‌ای برویم که نمی‌دانیم تجربه‌هایش برای پاسخگویی به پرسش ما مناسب باشد؟!

این مجموعه‌ی کتابها - چهل گفتار - قرار است در پرتو "دانشگاه علم و دانشگاه بازار" به‌سرعت پاسخگوی نیاز مدیران و علاقه‌مندانی باشد که اظهار می‌کنند فرصت کافی برای مطالعه‌ی عمیق در انبوه اشتغالات فراوان ندارند، اما انتظار دارند که یک کتاب ۲۰۰ صفحه‌ای به تعداد زیادی از پرسشهای کسب‌وکاری آنان پاسخ دهد. با وجود این، مدیران خردورز و فکور می‌دانند در زمانهایی که هنوز کارتابل پر از نامه و چک نیست، آموزش را باید توشه‌ی راه کرد. زمانی که اندک مجالی در کسب‌وکار مهیا می‌شود، از تجربه‌ی صاحب‌نظران بهره‌مند شد تا به هنگام رویارویی با مسائل و معضلات کسب‌وکارها، از این پشتوانه‌ی غنی حداکثر استفاده را برد.

آنچه می‌خوانید، پیش از این در سایت شخصی‌ام قرار داشت که با نظمی تازه، تقدیم تمامی علاقه‌مندان بویژه مدیران، و دانشجویان بازاریابی می‌شود.

محتوای کتاب "چهل‌گفتار پیرامون مدیریت و رهبری در کسب‌وکار"

"چهل‌گفتار پیرامون مدیریت و رهبری در کسب‌وکار"، حاوی چهار فصل و ۴۰ گفتار است. این چهار فصل عبارتند از:

- چالشهای کنونی مدیران
- سندرم اختلالات سازمانی
- بینشهای مدیریتی
- ابزارهایی برای توانمندسازی مدیران

می‌توانید مطالعه را از هر کجای کتاب آغاز کنید. ضرورتی ندارد که از آغاز بخوانید، و یا کتاب را از پایان بخوانید. می‌توانید بنا به پرسشهایی که در ذهن دارید، به فصل مربوطه مراجعه کنید. با وجود این، ترتیب فصلها قرار است شما را در مسیری مشخص از آغاز تا پایان، راهیابی کند.

چالشهای کنونی که مدیران با آن روبه‌رویند، چیست؟ پاسخ این پرسش را در فصل نخست این کتاب بخوانید.

فصل اول: چالشهای کنونی مدیران

نخستین پاسخ آن است که باید تغییر یابید و متحول شوید. بدون تردید تغییر و تحول در کسب‌وکار ترسناک است، اما شما از پس آن برمی‌آیید. راههای نیل به آن نیز آمده است. متعاقب آن، بزرگترین چالشهای پیش‌روی رهبران در ۱۰ سال آینده ترسیم شده تا برای آینده خود را آماده سازید.

جالب است بدانید "افول امپراتوری مدیران‌عامل" آغاز شده و به این ترتیب، رفتار شما تغییرات جدی خواهد کرد. به گفته‌ی اندیشمند و متفکر بزرگ روسی، میخائیل باختین، مدیران، رهبران کنسرتهای سازمانی هستند.

در نهایت در این فصل درمی‌یابیم که کسب‌وکارهای کنونی دنیا به رهبران سه‌بخشی نیاز دارند؛ رهبرانی که بتوانند در هر سه بخش کسب‌وکار، جامعه، و دولت، بخوبی ایفای نقش کنند. هرگونه تسامح یا

غفلت‌ورزی از این نوع رهبری سه بخشی، بنگاههای اقتصادی را ناتوان می‌سازد.

برای آرامش خاطر مدیران، ویژگیهای رهبران سه‌بخشی فهرست‌وار آمده است تا با توجه به این معیارها و پارامترهای دقیق، خود را دیگر بار پرورش دهند.

فصل دوم: سندرم اختلالات سازمانی

آسیبهای سازمانهای کنونی چیست؟ فصل دوم کتاب برای پاسخگویی به این پرسش تدوین شده است. "سندرم اختلالات سازمانی" عنوان اصلی این فصل است. سندرم نیز واژه‌ای است که از دانش پزشکی برگرفته شده تا بتوان به ارزیابی دقیق سازمان پرداخت.

هدف از این فصل آن است که مدیران هم به "نشانه‌ها" به عنوان علائم هشداردهنده توجه کنند، و هم بدانند با دیدن این علائم و نشانه‌ها، قرار است در آینده‌ی نزدیک شاهد چه رویدادهایی در سازمان باشند.

فصل نخست و این فصل یعنی فصل دوم، قدرت تشخیص مدیران را افزایش می‌دهد. اما مدیران، انتظار دارند که راه‌حلها و اظهارنظرهای کارشناسی‌شده‌ی دقیق داشته باشند. فصلهای بعدی این وظیفه را بر عهده دارد.

فصل سوم: بینشهای مدیریتی

استادان مدیریت به کرّات می‌گویند کافی است بتوانید بینش مدیران را افزایش دهید. به این ترتیب، مدیران می‌توانند در رویارویی با بسیاری از پرسشهای تازه، قدرت ابتکار عمل برای پاسخگویی داشته باشند.

فصل سوم با چنین هدفی تدوین شده یعنی نخست داناییهایی از جنس بینشی در اختیار مدیران قرار می‌دهد تا در پرتو آن، مدیران خود گره‌گشایی

کنند.

درس‌آموزی از برگ درخت، آگاهی نسبت به بیوریتم و مدیریت آن، موضوعاتی است که بینش را از لایه‌های پایین یعنی زیستی و بیولوژیک آغاز می‌کند. اما به مرور و بتدریج با بینش بنیان‌برانداز شورشیانی در دانش مدیریت آشنا می‌شوید که باور راسخ دارند بزرگانی نظیر پیتر دراکر، عامل و مانع اصلی مدیریت و رهبری هستند! مدیریت یکصد سال است درجا می‌زند و با تئوریهای "نخ‌نما" و "پوسیده" کار می‌کند! فراتر از آن درمی‌یابید این شورشیان، هنگی را از سال ۲۰۰۸ در جهان تشکیل داده‌اند که هم برجستگان دانشگاه هاروارد و سایر دانشگاه‌های معتبر دنیا، و هم مدیران با نفوذ و سرآمد در کنار هم و یکصدا قرار است نقشه‌ی جهانی را در عرصه‌های گوناگون تغییر دهند.

این شورشیان می‌گویند سازمانهایی بدون مدیر تشکیل دهید، چک شرکت باید نزد تمامی کارکنان باشد تا هر وقت اراده کردند، وسایل و تجهیزات مورد نیاز را خریداری کنند، هر زمان علاقه‌مند بودند کارکنانی را استخدام کنند، حقوقشان را تعیین کنند، و یا کارکنان و مدیران را اخراج کنند!

خواهید گفت چگونه؟ نحست فصل سوم را بخوانید. سپس خود را آماده سازید تا به ابزارهایی مجهز شوید. این ابزارها در فصل چهارم پیش روی شما است.

فصل چهارم: ابزارهایی برای توانمندسازی مدیران
مدیران همواره فراتر از بینش، به دنبال ابزارند. به فهرستهای بازبینی (چک‌لیست) وابسته‌اند، ضمن آنکه علاقه‌مندند ظرایف و ریزه‌کاریها را بدون حاشیه‌پردازی، در اختیار داشته باشند.

دوست دارند بدانند با هر یک از رده‌های مختلف سازمان چگونه ارتباط

برقرار کنند، و چه مقدار وقت خود را به آنان اختصاص دهند، چگونه به سرعت تصمیم‌گیری کنند، چگونه تیم خود را بسازند تا در میدانها پرچالش، بهترین نتایج را بگیرند، چگونه قدرت اقناع و ترغیب خود را افزایش دهند تا دیگران، تصمیمات آنها را به اجرا درآورند، و در نهایت، چگونه با خلاقیت و نوآوری در سازمان، سازمانی بالنده پدید آورند.

برای هر یک از این ابزارها، فصل پنجم با جزئیات تدوین شده است.

گفتنی آنکه علاقه‌مندان در صورت تمایل می‌توانند، به برخی از فیلمهای هاروارد که از سوی همکارانم در انتشارات بازاریابی تهیه و تدوین شده مراجعه کنند. این فیلمها که در آن هر یک از صاحبنظران برجسته، آرا و نظرات خود را در فرصتهای کوتاه ۱۰ تا ۱۲ دقیقه‌ای عنوان می‌کنند، شما را به پهنه‌ای از دانش و بینش مدیریتی رهنمون می‌کند که به‌سرعت می‌توانید بیاموزید و متناسب با اقتضائات شرکت و بنگاه خودتان، دانسته‌ها را عملیاتی کنید.

لازم می‌بینم از همراهان عزیزم که همیشه یار و یاور من در انجام وظایف خدمت‌رسانی به اهالی باپتانسیل بازاریابی ایران بوده‌اند، صمیمانه تشکر کنم.

مرتضی امیرعباسی زحمات ارزشمندی را در گردآوری این کتاب متحمل شد، ضمن آنکه محمدرضا حسن‌زاده جوانیان هم کمکهای شایانی کردند.

احمد آخوندی، مدیر توانای انتشارات بازاریابی، و محسن جاویدمؤید، سردبیر دانای مجله‌ی "توسعه مهندسی بازار" نیز در ساماندهی مطالب و ویراستاری این کتاب تلاشهای ارزنده‌ای داشتند.

از تمام این عزیزان و سایر همراهان خوبم در گروه TMBA که هر یک ستاره‌ای درخشان و گوهری گرانبها هستند، صمیمانه تشکر می‌کنم.

آرزومندم با مطالعه‌ی کتاب "چهل گفتار پیرامون مدیریت و رهبری در

کسب‌وکار"، نگاه نقادانه پرورش یابد و با اظهارنظرهای خود و ارسال آن، نگاهی نو به "مدیریت و رهبری کسب‌وکارها" پدید آید و شاهد سازمانهای پرتوان در عرصه‌های گوناگون کشورمان باشیم.

لطفاً از طریق زیر دستورات و نظرات ارزشمندتان را به ما برسانید:

- سایت شخصی پرویز درگی: www.Dargi.ir
- نشانی اینترنتی: Info@TMBA.ir
- سایت انتشارات بازاریابی: www.MarketingPublisher.ir
- نشانی اینترنتی: Info@MarketingPublisher.ir
- نشانی انتشارات بازاریابی: تهران، خیابان آزادی (شرق به غرب)، بعد از خوش شمالی، کوچه نمایندگی، پلاک ۱، واحد ۱۰
- با شماره‌ی تلفکس: ۶۶۴۳۱۴۶۱(۰۲۱)
- با شماره‌ی تلفنهای: ۶۶۴۲۳۶۶۷(۰۲۱) و ۶۶۴۳۴۰۵۵(۰۲۱)
- با شماره‌ی تلفن همراه شخصی‌ام: ۱۹۹۴۲۸۱-۰۹۱۲

گر بخواهید در این یکدم عمر

نیک جویای حقایق باشید

و به چشم همه نیکان جهان

بس برازنده و لایق باشید

هدفی ناب بیابید و در راه وصال

عالم عامل عاشق باشید

سبز باشید

پرویز درگی

فصل اول

▼

چالشهای کنونی مدیران

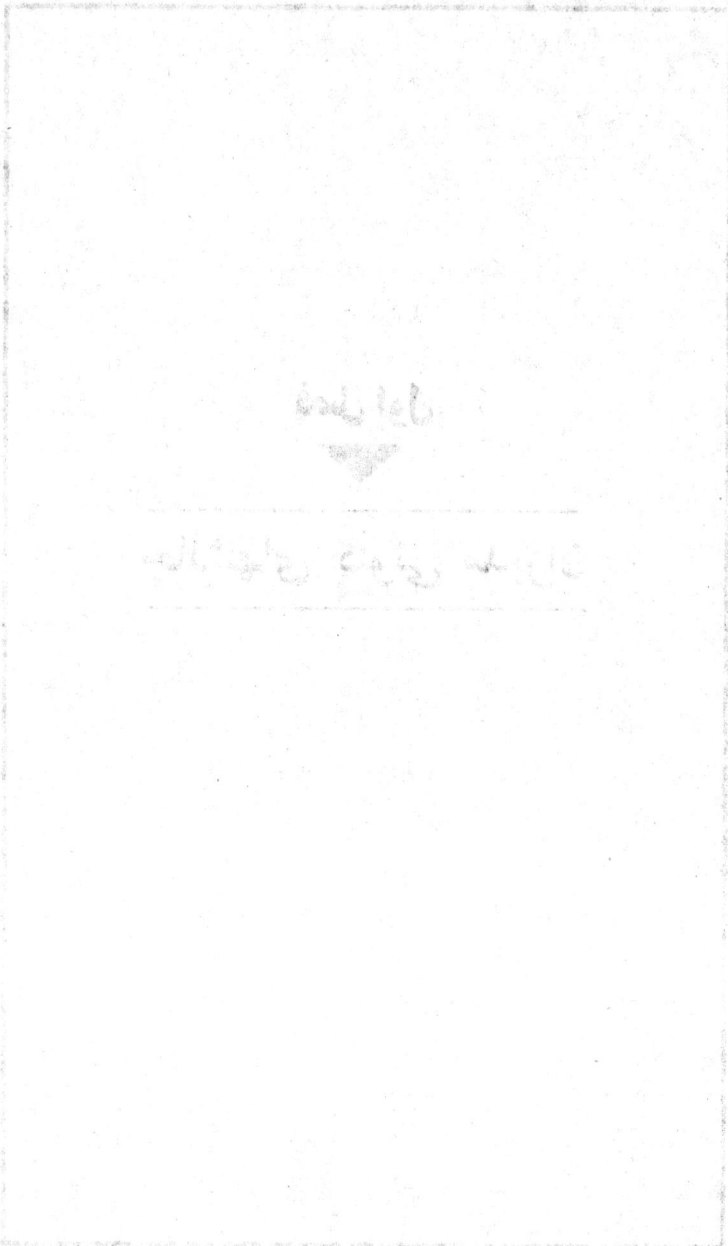

گفتار اول

تغییر و تحول در کسب‌وکار ترسناک است، اما شما از پس آن برمی‌آیید

شاید هیچ اقدامی برای رهبران کسب‌وکار به اندازه‌ی تغییر و تحول در سازمان دشوار نباشد. یکی از کلیدهای کامیابی در ایجاد تحول سازمانی، دانستن این مطلب است که تحول در یک کسب‌وکار شامل سه فعالیت اصلی می‌شود:

الف) تغییر در مرکز و هسته‌ی کسب‌وکار به منظور بیشینه ساختن انعطاف آن (تغییر از نوع A).

ب) ایجاد یک موتور محرکه‌ی رشد و توسعه (تغییر از نوع B).

ج) ایجاد سازوکاری به منظور تسهیم و تبادل قابلیتها و توانمندیها میان دو مورد بالا (تبادل قابلیتها).

موارد سه‌گانه‌ی مذکور به شکل تصادفی بروز نمی‌کنند. در عوض، آنها برای اجرایی شدن نیازمند رهبری استوار، ثابت‌قدم و دقیق هستند.

پیشنهاد نویسندگان هاروارد برای رهبران کسب‌وکار این است که برای ایجاد تحولات پاینده و چشمگیر، فرمول "۴P" تغییر را از یاد نبرند و آن را

سرلوحه‌ی کار خویش قرار دهند:

۱ـ هدف (purpose):

تحول‌آفرینی کاری دشوار است. اما حقیقت هر چه تلخ، چاره‌ای جز رویارویی با آن نیست.

گاه ممکن است در مسیر تحول ناگزیر به از هم پاشیدن هسته‌ی مرکزی سازمان خود شوید و حتی به تعدیل نیرو تن دهید (بسیاری از سازمانهای تحول‌آفرین گاه تا نیمی از کارکنان خود را تعدیل کرده‌اند).

رهبران کم‌رمق کسب‌وکارها گاهی اوقات راه‌حل را در پاک کردن صورت مسأله می‌دانند و واگذاری سازمان یا تعطیلی آن را ساده‌تر و بهتر از هر کار دیگری تصور می‌کنند. اما قابلیتهای نهفته در سازمانها به قدری اهمیت دارد که وقتی به اشتراک گذاشته شوند، می‌توانند سرمنشأ جوانه زدن مجدد سازمان شوند.

یک هدف و آرمان روشن و صریح ـ که شبیه به رسالتی هدایت‌یافته و بیش از مسائلی مثل بازده مالی است ـ دلیلی را برای سازمان فراهم می‌کند که هم در مرکزیت کسب‌وکار خود تحول‌آفرینی کند (تغییر از نوع A)، و هم موتور رشد و توسعه‌ی سازمان را به کار بیندازد (تغییر از نوع B).

بخشی از این هدف باید به حالت روایتگونه و داستانی باشد، به این معنا که سازمان ما در دوره‌ی پس از تحول چگونه خواهد بود؟ برای مثال برخی سازمانها هدف و آرمانشان را حول محور ایمان، خانواده، و آموزش می‌گذارند، که بدین‌وسیله سازمان توان هضم و ایجاد تحولات بزرگ، دشوار، و پایدار را به‌دست می‌آورد.

هدفمندی و تعیین آرمانهای انسانی و متعالی، نیروی محرکه و انگیزه‌بخش توانمندی برای پیاده‌سازی صحیح و پایدار مدیریت تحول در سازمانها است.

۲ـ کارکنان (people):

اهمیت کارکنان و زیردستان در تحول‌آفرینی امری بدیهی است، چرا که مادامی که آنها فرهنگ تغییر را پذیرا نباشند، نمی‌توان به ایجاد کوچکترین تحولی امید بست. اما نکته و چالش مهم، انتخاب افراد درست برای کارهای درست است، بویژه برای انجام کارهای جدید و برنامه‌های آتی سازمان. برای ایجاد تغییرات پایدار، می‌بایست افرادی مجهز به مهارتهای آینده تربیت و جذب کنیم. به این معنا که عموماً کارکنان فعلی شما مهارتهایی دارند که متناسب با حال و هوای دیروز و یا در بهترین حالت متناسب با فضای امروز کسب‌وکار است، حال آنکه برای تحول‌آفرینی، به افرادی آینده‌گرا نیازمندید. می‌توانید چنین افرادی را جذب و یا کارکنان فعلی خود را از همین حالا برای پذیرش نقشهای آینده تربیت کنید. این افراد از هوش و شمّ استراتژیک مناسبی برخوردارند و می‌توانند بسته به شرایط، تغییر موضع دهند.

۳ـ تناقض (paradox):

روی بهره‌وری و رشد به صورت توأمان تمرکز کنید. گاه باید از قابلیتها بهره برد و گاه باید از آن صرف‌نظر کرد. هر چند چنین مواردی به نظر متناقض می‌آید، اما اینگونه رخدادها از جمله مسائل مبتلابه رهبران تحول‌آفرین است. بدین‌رو، بعضی اوقات ناگزیریم برای مثال حتی از برخی افراد باقابلیت، به نفع افزایش بهره‌وری صرف نظر کنیم.

۴ـ پایداری (persistence):

تغییر یک‌شبه اتفاق نمی‌افتد. نکته‌ی مهم حفظ ثبات قدم در برابر شرایط متغیر، و حفظ چالاکی در مقابل تغییرات محیطی و چالشهای متعدد و مستمر پیش روی کسب‌وکار است. در این مسیر از تشویق و ترغیب

کوچکترین موفقیتها و پیروزیهایی که در راستای پیشرفت سازمان هستند دریغ نورزید.

رهبری تحول به نظر امری طاقت‌فرسا است. رهبرانی که پا به این مسیر می‌گذارند، باید در زمان درست و با ابزار درست کار خود را آغاز کنند، بنابراین شبکه‌ای ائتلافی از همراهان و حلقه‌ی نزدیکان مورد اعتماد و توانمندتان تشکیل دهید و از مشورت آنها بهره‌مند شوید، چرا که ممکن است زاویه‌ی دیدی متفاوت از شما نسبت به مسائل داشته باشند.

فراموش نکنید که تغییر باید نرم و آهسته صورت پذیرد تا افراد با آغوش باز پذیرای آن باشند.

مطمئن شوید که شبکه‌ی مشاور شما حتماً دربردارنده‌ی افراد کارآفرین و هنرمند نیز باشد، چرا که این عده دیدگاهی کاملاً متفاوت و نوآورانه نسبت به مسائل دارند و فرایند تغییر را تسریع و بهبود می‌بخشند.

گفتار دوم

بزرگترین چالشهای پیش‌روی منابع انسانی و رهبران در ۱۰ سال آینده

به گمان کارشناسان فوربس، سالجاری (۲۰۱۳ میلادی) نوید دهنده‌ی چالشهای بزرگ بویژه برای رهبران و مدیران منابع انسانی است. حاکم شدن فضای عدم قطعیت و نابسامانی اقتصاد جهانی، از عمده دلایل بروز چنین چالشهایی در کسب‌وکار است.

انجمن مدیریت منابع انسانی (SHRM)، با انجام پیمایشی به بررسی چالشهای ۱۰ سال آتی منابع انسانی پرداخته است. جالب توجه‌ترین یافته‌ی این پژوهش، اهمیت فزاینده‌ی مقوله‌ی رهبری در مدیریت منابع انسانی است.

در پژوهشی مشابه که همین مؤسسه در سال ۲۰۱۰ اجرا کرد، تنها ۲۹ درصد از پاسخگویان، توسعه‌ی مهارتهای رهبری را چالشی مبرم برای منابع انسانی دانسته بودند، که این رقم امروز بالغ بر ٪۵۲ شده است.

این آمار به معنای اهمیت و نیاز روزافزون به مهارتهای رهبری در سازمان است. اما به گواه متخصصان، بیش از ٪۶۰ از شرکت کنندگان در این پژوهش، بحث حفظ و انگیزش کارمندان گرانقیمت را مهمترین و

پرچالش‌ترین موضوع آتی در کسب‌وکار عنوان کردند.

با ذکر این مطلب، حال به بررسی پنج مورد از مباحث چالشی بویژه در رهبری منابع انسانی می‌پردازیم. این موارد از جمله مهارتهایی است که رهبران امروز و فردا باید به آن مجهز باشند.

به بیان نویسندگان فوربس، موارد زیر می‌تواند سرآغاز انقلابی بزرگ در عرصه‌ی منابع انسانی باشد:

۱- در پرورش و بالندگی رهبران و جانشین‌پروری سرمایه‌گذاری کنیم

خواه باور داشته باشید که رهبران از شکم مادر خود، "رهبر" متولد می‌شوند، و خواه باورتان این باشد که رهبری، آموختنی و اکتسابی است، به هر ترتیب شرکتها همچنان نیازمند سرمایه‌گذاری روی برترین کارکنان خود هستند تا اینگونه بتوانند ویژگیهای رهبری را در آنها توسعه و پرورش دهند. برای پرورش رهبران، نیاز به پیاده‌سازی یک سیستم آموزشی پیشرو و حاکم شدن جوّ جانشین‌پروری بشدت احساس می‌شود، همانند آنچه هاروارد با عنوان برنامه‌ی آموزش مدیران اجرایی مشغول انجام آن است.

ابتدا بهترین تیمی را که می‌توانید، بسازید؛ سپس برای پرورش آنها و توسعه‌ی مهارتهایشان، روی آنها سرمایه‌گذاری کنید. این یک سرمایه‌گذاری بلندمدت است و نه هزینه، و نوعی از برنامه‌ریزیهای راهبردی بلندمدت به شمار می‌رود.

۲- فرهنگ مشارکت را در سازمان خود به‌وجود آوریم

پاداشها و انگیزشهای فردی برای موفقیتهای انفرادی لازم، اما ناکافی است. باید به یاد داشته باشیم که تنها در فرهنگ مشارکت‌جویانه است که سازمانها می‌توانند رهبرانی را پرورش دهند که پشتیبان یکدیگر باشند، و در جهت هم‌افزایی سیستم و بالندگی یکایک افراد تلاش کنند.

۳ـ مهارتهای ارتباطی را توسعه دهیم

احتمالاً تصور غالب این باشد که رهبران همگی مذاکره‌کنندگانی ماهر هستند که از مهارتهای ارتباطی کافی برخوردارند، اما این فرض چندان مورد تأیید نیست. سبکهای ارتباطی از تنوع گسترده‌ای برخوردارند، از این رو، ممکن است یک سبک در یک سازمان خاص از اثربخشی کافی برخوردار باشد، اما همین سبک ارتباطی در سازمان دیگر ناکارآمد باشد. بنابراین، آموزش مهارتهای ارتباطی را نیز در برنامه‌ی پرورش رهبران قرار دهید و آن را در فرهنگ سازمانی خود نهادینه کنید.

رهبرانی که قادرند بخوبی ارتباط برقرار کنند، می‌توانند تیم‌سازی کنند و اعتماد بیافرینند؛ در مقابل، مدیرانی که از مهارتهای کافی ارتباطی برخوردار نباشند، جوّ عدم قطعیت و بی‌اعتمادی را در سازمان به وجود می‌آورند.

۴ـ مسئولیت‌پذیری واقعی را ترغیب و حفظ کنیم

رهبران باید مسئولیت‌پذیر باشند. آنها نمی‌توانند اشتباهات را به گردن دیگران بیندازند. آنها باید مسئولیت مشکلات و شکستها را بپذیرند تا هنگامی که توانستند از پس این مشکلات سربلند بیرون بیایند، بتوانند برای خود اعتبار بسازند.

۵ـ به انسانیت و هوش هیجانی بها دهیم

هوش هیجانی از شاخصه‌های اساسی رهبران توانمند است. رهبران جدید باید بتوانند هوش هیجانی خود را به کمک هم‌قطارانشان ارتقا دهند. فراموش نکنیم که رهبران در وهله‌ی نخست باید انسانی رفتار کنند و هوش هیجانی، هوشی است که تقریباً تنها در انسانها یافت می‌شود.

گفتار سوم

افول امپراتوری مدیران عامل؛ طلوع دیپلماسی سازمانی

دیپلماسی سازمانی (Corporate Diplomacy) را اینگونه تعریف می‌کنند: "مهارتهای مذاکره‌ای برای مدیران اجرایی که در محیط آشوبناک و متزلزل کنونی فعالیت می‌کنند". مدیران ارشد زبده برای پیشبرد اهداف خود به‌وسیله‌ی تعامل و بده‌بستان با رهبران دیگر سازمانها، دولتها، تحلیلگران، رسانه و گروههای ذینفع از ابزار دیپلماسی استفاده می‌کنند. دیپلماسی سازمانی اعتقاد دارد که مدیران کنونی باید بیش از هر چیزی دیپلماتی زبده باشند.

در تعریفی دیگر، دیپلماسی شرکتی به برندهایی اتلاق می‌شود که به شایستگی سفیر کشور مبدأ و نمادی از زادگاه خود در دیگر کشورها هستند. به عنوان مثال، در بسیاری از کشورها نام سامسونگ را هم‌ارز با نام کره می‌دانند.

دیپلماسی سازمانی عبارتی مرکب از دو واژه‌ی دیپلماسی و سازمان است. دیپلماسی در ادبیات علوم سیاسی و روابط بین‌الملل به معنای، "فن پیشبرد و اجرای سیاست خارجی از طرق مسالمت‌آمیز است". که این واژه

معنایی در مقابل جنگ دارد، اما گاهی اوقات جنگ خود به ابزاری برای دیپلماسی تبدیل می‌شود، که در آن وقت از دیپلماسی جنگ سخن به میان می‌آید.

دیپلماسی طی دوران تولد و بلوغ خود تا امروز که به شاخه‌های مختلف تقسیم شده، تحولات بسیاری به خود دیده است. در ابتدا و تا اوایل قرن بیستم، دیپلماسی به مذاکرات پنهان میان نمایندگان کشورها اطلاق می‌شد، اما بعد از جنگ جهانی اول، یکی از موارد ۱۴گانه‌ی ویلسون برای صلح جهانی، کنار گذاشتن دیپلماسی مخفی و به کاربردن دیپلماسی آشکار بود. بعد از شکل گیری جامعه‌ی ملل، مفهوم "دیپلماسی سازمانی" مطرح شد.

این نکته قابل توجه است که در روابط دیپلماتیک میان بازیگران عرصه‌ی بین‌الملل، هیچ الزام قانونی وجود ندارد، بنابراین استفاده از اهرم‌ها تضمین کننده‌ی روابط هستند. استفاده از اهرم‌ها به اثرگذاری دیپلماسی منجر می‌شود. جنس اهرم‌ها متفاوت است، اما باید اهرم‌ها توانایی اثرگذاری را داشته باشند.

اصطلاح دیپلماسی اقتصادی عمدتاً در دوران پس از جنگ سرد مطرح شد و مورد استفاده قرار گرفت. در این دوران الگوهای متعددی برای نظم نوین جهانی مطرح شد که یکی از آنها الگوی ژئواکونومیک بود. اساس این الگو بر مبنای تفکیک جهان پیشرفته به سه بلوک حاشیه‌ی اقیانوس آرام و آسیا به رهبری چین و ژاپن، قاره‌ی امریکا به رهبری ایالات متحده و اروپا به رهبری اتحادیه‌ی اروپا قرار دارد. بر مبنای این الگو، تعامل این سه کانون در واقع شکل‌دهنده‌ی نظم اقتصادی بین‌المللی نوین خواهد بود و سایر کشورها باید در این چارچوب به تعامل با این کانون‌های قدرت و ثروت بپردازند تا از عواید آن در راستای توسعه‌ی ملی بهره ببرند.

یکی از تعاریفی که در مورد انسان به کرّات گفته می‌شود این است که انسان مخلوقی است ناطق و اجتماعی. لازمه‌ی زندگی اجتماعی، برقراری

و حفظ ارتباط با دیگران است، از طرفی بقا و پیشرفت سازمانهای کنونی نیز در گرو اشراف به مباحث و مهارتهای دیپلماتیک است. در این میان مفهوم دیپلماسی سازمانی، روندی تازه در مباحث مدیریتی و سازمانی را مطرح می‌سازد.

مایکل واتکینز (Michael D. Watkins) از جمله نظریه‌پردازان دیپلماسی سازمانی است. وی دانشیار گروه مدیریت بازرگانی در دانشکده‌ی بازرگانی هاروارد است؛ جایی که در آن پیرامون رهبری و مذاکره به پژوهش می‌پردازد.

مشهورترین اثر این پژوهشگر برجسته‌ی مدیریت، کتاب پرفروش بین‌المللی ۹۰ روز نخست (استراتژیهای کلیدی موفقیت برای مدیران در تمامی سطوح) است که مجله‌ی اکونومیست از آن به عنوان "کتاب مقدس جامعه‌پذیری سازمانی" یاد کرده و تاکنون بیش از ۵۰۰ هزار نسخه از آن در ۲۷ زبان منتشر شده است. از این کتابها تاکنون دو ترجمه در ایران صورت گرفته است که عبارتند از: "۹۰ روز نخست یک مدیر: استراتژی کلیدی موفقیت برای مدیران جدید در تمام سطوح سازمانی" (انتشارات سازمان مدیریت صنعتی) و "۹۰ روز نخست: استراتژیهای موفقیت برای مدیران جدید در تمام سطوح سازمانها" (انتشارات ماه و ما).

واتکینز طراح برنامه‌ی جایزه‌ی انتقال شتاب، رهبری سازمانی آینده، توسعه، مذاکره و دیپلماسی سازمانی است.

از او کتابهای دیگری در زمینه‌ی مدیریت از جمله "۹۰ روز نخست در دولت"، "شکل دادن به بازی"، "حقایقی درباره‌ی شروع"، "شگفتیهای قابل پیش‌بینی" و... منتشر شده است.

مایکل واتکینز دیپلماسی سازمانی را اینگونه تعریف می‌کند؛ "نقشی که مدیران اجرایی ارشد در پیشبرد منافع سازمان به‌وسیله‌ی مذاکره و ایجاد مشارکتها و معاهدات با بازیگران کلیدی خارج از سازمان شامل دولتها،

تحلیلگران، رسانه‌ها، و سازمانهای غیردولتی نظیر سازمانهای مردم‌نهاد (NGO's) ایفا می‌کنند."

در ماه مارس ۲۰۰۷ بود که نشریه‌ی جهان کسب‌وکار (World Business)، بحث "مدیر دیپلمات" واتکینز را در میان ۱۰ مبحثی به شمار آورد که بدون شک بر سازمانهای آتی اثرگذار هستند. او در اواخر دهه‌ی ۹۰ میلادی به راه‌اندازی دوره‌ی آموزشی دیپلماسی سازمانی در دانشکده‌ی کسب‌وکار هاروارد اقدام کرد.

واتکینز چند دلیل را برای ظهور و ترقی بحث دیپلماسی سازمانی بر می‌شمرد. از آن جمله افول امپراتوری پرفروغ مدیران عامل و کاهش اثرگذاری سبکهای سنتی، تحکمی، و آمرانه‌ی مدیریت. عصر حاضر به لحاظ آشوب و پیچیدگی، الزامات سازمانی متفاوتی را نسبت به ادوار گذشته می‌طلبد. ظهور و توسعه‌ی سازمانهای دانش‌محور مستلزم ساختاردهی جدیدی است که برخی ویژگیهای آنها تفاوتهایی اساسی با ساختارهای سنتی سلسله‌مراتبی دارد. این ساختارها همان ساختارهای غیررسمی و تعاملات آزادانه و اختیاری افراد است که در سازمانهای بوروکراتیک کمتر به آنها توجه شده است. مدیریت مبتنی بر تحکم و استبداد، دیگر خریداری ندارد.

دلیل بعدی وی، اوج‌گیری بحث ادغام و ترکیب (M&A) در میان شرکتها است. ادغام دو شرکت زمانی است که دو شرکت با هم ترکیب می‌شوند و شرکت جدیدی را به وجود آورند. زمانی است که یک شرکت، شرکت دیگری را به مالکیت خود درمی‌آورد؛ در واقع شرکت خریداری شده کاملاً به‌وسیله‌ی شرکت خریدار هضم شده و از سوی این شرکت اداره می‌شود.

در چنین مواردی اهمیت وجود مهارتهای دیپلماتیک بیشتر احساس می‌شود. این مهارتها نه تنها برای بستن معاملات لازم است بلکه، به‌منظور هدایت و راهبری موفق این فرایند از میان انبوه مصوبات قانونی و چالشهای

مرتبط با ذینفعان متعدد نیز امری ضروری است. بسیاری از ادغامها و ترکیبها به دلیل ناتوانی دیپلماتیک و فقدان توان رایزنی در سطح مدیران ارشد، محکوم به شکست است.

جهانی‌سازی و همگرایی بیشتر و نیز حاکم شدن دموکراسی در جهان، ضرورت وجود دیپلماسی در جعبه ابزار مدیران را موجب می‌شود.

عبارت دیپلماسی سازمانی و یا شرکتی، احتمالاً در مطالعات حوزه‌ی مدیریت و سازمان نأمانوس و غریب باشد، با این حال این واژه بویژه در نهادهای مرتبط با خارج، مانند اتاقهای بازرگانی استفاده می‌شود. محققانی چند به کاربرد و مفهوم این واژه پرداخته‌اند، از آن جمله استگر (Steger) در سال ۲۰۰۳ به بررسی نقش دیپلماسی سازمانی در زمینه‌ی ارتباطات و تعامل میان سازمان و محیط پیرامون می‌پردازد. استرنج (Strange) نیز در سال ۲۰۰۰، مفهوم دیپلماسی سازمانی را در اقتصاد سیاسی بین‌الملل بویژه روابط میان سازمانها با یکدیگر و روابط سازمانها با دولت مورد بررسی قرار داد.

اوریکس- ریگو و دوآرت (Ordeix-Rigo&Duarte) نیز در سال ۲۰۰۹ به بررسی نقش دیپلماسی سازمانی در ارتقای مشروعیت و اثرگذاری شرکتها در یک سیستم اجتماعی پرداختند.

روابط دیپلماتیک سازمانی هم می‌تواند در میان افراد آن سازمان و هم با دیگر نهادها و سازمانها برقرار شود، خواه این سازمانها داخلی باشند و یا خارجی. هدف از این مراودات و مناسبات نیز رسیدن به یک رابطه‌ی برد- برد است که هر دو طرف را منتفع می‌سازد.

تعریف دقیق دیپلماسی سازمانی از آن جهت که ممکن است با مباحث دیگر نظیر دیپلماسی سیاسی، اقتصادی، مذاکرات سازمانی، و... دچار همپوشانی شود، دارای اهمیت است. در این بین حتی برخی متخصصان در زمینه‌ی زبانشناسی- شناختی به تعریف دیپلماسی سازمانی همت

گمارده‌اند. به طور کلی دیپلماسی سازمانی را می‌توان به عنوان دامنه‌ای از فعالیتها با هدف ایجاد شرایط مطلوب برای انجام فعالیتها و منویات سازمان و نیل و دستیابی به هدفهای سازمانی تعریف کرد. بدین‌رو با این تعریف، دیپلماسی سازمانی شامل فعالیتهایی از قبیل اثرگذاری بر دیگر نقش‌آفرینان اقتصادی و اجتماعی به‌منظور ایجاد و استفاده از فرصتهای کسب‌وکاری، تشریک مساعی با مراجع دولتی و نیز قانونگذارانی است که بر فرایندهای سرمایه‌گذاری و تجاری تأثیر می‌گذارند، و نیز شامل جلوگیری از تعارضات احتمالی با ذینفعان داخلی و کمینه‌سازی مخاطرات سیاسی مرتبط، و نیز جلب نظر مطلوب رسانه‌ها و رهبران عقاید، به‌منظور پاسداشت از انگاره و تصویر موجود از سازمان است. این تعریفی است که سانر (Saner) در سال ۲۰۰۰ از دیپلماسی سازمانی ارائه کرد.

استگر از طرفی دیپلماسی سازمانی را تلاش برای مدیریت نظام‌مند و تخصصی محیط کسب‌وکار می‌داند، آن هم در جهتی که امور به‌گونه‌ای روان انجام گیرد. در تعریف وی، جامعه و سازمان به گونه‌ای در هم می‌آمیزند که همسویی آرمانها موجب آن می‌شود تا مجوز عمل سازمان بی‌چون و چرا از طرف جامعه صادر شود و جامعه و سازمان دوشادوش یکدیگر تکامل می‌یابند. ریگو و دوآرت نیز دیپلماسی سازمانی را به عنوان شیوه‌ای درست و مورد تأیید برای سازمانها برای افزایش قدرت اجتماعی خود و نیز قلمروی اثرگذاری آنها و در نتیجه دستیابی به جایگاه درون جامعه می‌دانند، و بویژه این مهم را از واجبات شرکتهای فراملیتی برمی‌شمارند.

دیپلماسی سازمانی از جهات بسیاری قابل مقایسه با روند دیپلماسی سیاسی است. دیپلماتهای سازمانی نقش تسهیلگر را دارند و به ایجاد و حفظ روابط در طول زمان کمک می‌کنند. گاهی هم دیپلماتهای سازمانی در مقام یک فروشنده قصد دارند تا منافع اقتصادی را برای سازمان خود

به ارمغان آورند.

نقش مذاکره‌کنندگان در هیأت دیپلماتیک سازمانی اقناع‌گری و اثرگذاری بر آرا و عقاید همتایان و همکاران است. روابط عمومی پل ارتباطی میان سازمان و افکار عمومی است. با عنایت به این موارد، یک دیپلمات سازمانی را می‌توان به نوعی یک دلال و یا واسطه‌ی کارآفرینی دانست. چرا که از سویی او وظیفه‌ی میانجیگری میان طرفین و سود بردن از طریق تعاون را بر عهده دارد، و از سوی دیگر او عهده‌دار وظیفه‌ی کارآفرینانه‌ی جستجو، کشف، ادراک، و پیاده‌سازی بسترهای مطلوب برای انجام و اجرای فعالیتهای سازمانی است.

در نهایت دیپلماسی سازمانی را می‌توان با مفهوم دیپلماسی کسب‌وکار (Business Diplomacy) ارتباط داد. گرچه این دو مفهوم گاهی مترادف یکدیگر به کار می‌روند، اما دیپلماسی کسب‌وکار عموماً در مورد فعالیتهایی اتلاق می‌شود که میان نقش‌آفرینان اقتصادی فردی رد و بدل می‌شود. بنابراین، دیپلماسی کسب‌وکار می‌تواند به‌وسیله‌ی افراد، اعم از کارآفرینان و تجّار و به‌منظور دستیابی به منافع اقتصادی شخصی اجرا شود، و نه لزوماً منافع سازمان.

گفتار چهارم

مدیران،
رهبران کنسرتهای سازمانی هستند

میخائیل باختین، اندیشمند و متفکر صاحبنام روسی است که اندیشه‌ها و دیدگاههای وی در چند سال اخیر همزمان در محافل علمی کشور ما و سایر کشورهای جهان با استقبال بی‌نظیری از سوی علاقه‌مندان به علم و پژوهش روبه‌رو شده است. باختین در نوامبر سال ۱۸۹۵ در اورل، واقع در جنوب مسکو به دنیا آمد و در سال ۱۹۷۵ پس از گذشت سالها زندگی پرمشقت اما پربار درگذشت.

باختین در سال ۱۹۱۳ وارد دانشگاه اودسا شد، اما پس از گذشت یک سال این دانشگاه را ترک کرد و به دانشگاه سن‌پترزبورگ رفت. در سال ۱۹۱۸ باختین مانند بسیاری دیگر از روشنفکران روسیه که انقلاب سال ۱۹۱۷ زندگی آنها را دچار تغییرات زیادی کرده بود، دانشگاه را ترک کرد. فضای حاکم بر روسیه تحت حکومت استالین باعث شد که سرنوشتی بجز تبعید در انتظار باختین نباشد و وی سالهای زیادی را در قزاقستان در تبعید به سر ببرد. اتفاقاً در همین زمان بود که برخی از آثار گرانبهای باختین تولید شدند. وی پس از گذراندن دوران تبعید موفق شد پایان‌نامه‌ی دکتری خود

را پس از سالها دفاع کند. با بهتر شدن اوضاع داخلی روسیه، باختین توانست با کمک عده‌ای از جوانان روسیه چندین اثر خود را منتشر کند. وی سالهای پایانی زندگی خود را به همراه همسرش در آسایشگاه سالمندانی در مسکو به سر برد.

با وجود زندگی پربار باختین و تألیفات متعدد وی، تقریباً بیشتر آثار او پس از مرگش منتشر و ترجمه شدند و در زمان حیاتش حتی در روسیه تعداد بسیار کمی با اندیشه‌های وی آشنا بودند.

کرگ براندیست (Craig Brandist) در کتاب حلقه‌ی باختین عنوان می‌کند که 'باختین برای هر کسی، چیزی برای ارائه دارد' و قابلیت استفاده از نظریات وی در حوزه‌های مختلف آنقدر وسیع است که 'به نظر می‌رسد به اندازه‌ی مفسران باختین، باختین وجود دارد.' کمتر حوزه‌ای را در میان حوزه‌های علوم انسانی می‌توان یافت که از اندیشه‌های میخائیل باختین بی‌نصیب مانده باشد.

مایکل میرفلد بل (Michael Mayerfeld Bell) و مایکل گاردینر (Michael Gardiner) در کتاب 'باختین و علوم انسانی'، به تفصیل درباره‌ی کاربرد نظریات باختین در علوم مختلف انسانی صحبت می‌کنند؛ علومی که به گفته‌ی باختین برتر از سایر علوم هستند، زیرا در علوم انسانی ما با پدیده‌ای پیچیده به نام انسان سروکار داریم و نه مثلاً با یک مولکول یا یک تکه سنگ.

کتابها و مقالات بسیاری را می‌توان یافت که برگرفته از آثار و اندیشه‌های باختین هستند و در حوزه‌هایی همچون سیاست، ادبیات و نقد ادبی، سینما، فلسفه، فرهنگ، جامعه‌شناسی، روانشناسی و حتی تبلیغات به رشته‌ی تحریر درآمده‌اند.

از دهه‌ی هشتاد میلادی که اولین ترجمه‌های انگلیسی آثار باختین منتشر شد، دسته‌ی وسیعی از اصطلاحات و واژگان پای به عرصه‌ی وجود نهادند.

واژگانی همچون کارناوال‌گرایی، مکالمه‌گرایی، دیگرزبانی، پیوستار زمانی - مکانی و چندین و چند عبارت دیگر که تقریباً همه‌ی آنها در یک نقطه مشترک هستند. این نقطه‌ی مشترک که باختین را از سایر اندیشمندان معاصر متمایز می‌کند، تأکید بر "چندصدایی" (polyphony) میان عناصر مختلف سازنده‌ی یک واحد است.

باختین عبارت چندصدایی را برای اولین بار درباره‌ی رمانهای داستایوفسکی به کار برد. وی با تمجید از داستایوفسکی به‌عنوان نویسنده‌ای که چندصدایی در آثارش به‌وضوح به چشم می‌خورد، در مقابل، تولستوی را نویسنده‌ای می‌داند که رمانهای وی ماهیتی تک‌صدایی دارند. به عبارت ساده‌تر، باختین، تولستوی را نویسنده‌ای دیکتاتور می‌داند که به شخصیتهای مختلف اجازه نمی‌دهد آنطور که خودشان مایل هستند، صحبت کنند. در طرف مقابل داستایوفسکی را داریم که نویسنده‌ای مکالمه‌گرا است و به شخصیتهایی که به‌وسیله‌ی وی خلق شده‌اند اجازه می‌دهد هر یک آزادانه نظر خود را ابراز کند. در حقیقت در رمانهای تولستوی ما تنها به یک صدا (که می‌توان آن را به صورت ایدئولوژی، دیدگاه، نقطه‌نظر، و... تعبیر کرد) برمی‌خوریم که به نویسنده تعلق دارد ولی در رمانهای داستایوفسکی با چندین صدا مواجه هستیم که در کنار یکدیگر و در کنار صدای نویسنده، یک واحد مستقل به نام رمان را به وجود می‌آورند.

تأکید باختین بر چندصدایی و اینکه واحد موفق واحدی است که به دیدگاههای مختلف اجازه دهد در کنار یکدیگر وجود داشته باشند، به عقیده‌ی من می‌تواند حلقه‌ی اتصال میان باختین و یکی از وظایف خطیر مدیران سازمانها باشد. باختین نویسنده‌ای را نویسنده‌ی موفق می‌داند که تمام صداها را زیر چتر یک صدای بلندتر که دارای قدرت بیشتری است، خفه نکند بلکه، به این صداها اجازه دهد در کنار یکدیگر یک آهنگ دلنواز را به وجود آورند و هر یک سهمی از این آهنگ خوش‌صدا داشته باشند.

حال بیایید این دیدگاه را به یک فرایند سازمانی بسیار مهم تعمیم دهیم.

کارمندان یک سازمان مانند شخصیتهای یک رمان هستند. هر کارمند در حقیقت برای خود یک "صدا" دارد و برآیند این صداهای مختلف، آهنگی را به وجود می‌آورد که همان فعالیت سازمان است. حال اگر مدیر یک سازمان را مانند نویسنده‌ی یک رمان بدانیم، مدیر موفق مدیری است که صداهای مختلف یا به عبارتی دیدگاههای مختلف کارمندان را زیر سلطه‌ی دیدگاههای خود قرار ندهد بلکه، به تمام نظرات اجازه دهد در کنار یکدیگر آزادانه بتوانند ابراز وجود کنند تا برآیند آنها، برآیندی مثبت و رو به جلو باشد. از طرفی یک مدیر آگاه هیچ‌گاه سعی نمی‌کند که صداهایی را که کاملاً شبیه یکدیگر هستند در کنار یکدیگر قرار دهد، زیرا صداهای یکسان نه تنها آهنگ زیبایی به وجود نمی‌آورند بلکه، نتیجه‌ای بجز تکرار و خنثی کردن توان یکدیگر ندارند.

مدیران سازمانها در حقیقت رهبران کنسرتهایی هستند که سازهای آنها به‌وسیله‌ی کارمندان نواخته می‌شوند. ممکن است دو ساز صداهایی را به وجود آورند که با یکدیگر نه تنها متفاوت بلکه، کاملاً متناقض باشند یا یکی از سازها به تنهایی گوش‌خراش باشد اما مهم این است که برآیند کار که همان آهنگ خوش است، برآیندی موفق باشد.

در سازمان نیز اوضاع به همین منوال است. ممکن است دو کارمند دیدگاههای کاملاً متناقضی با یکدیگر داشته باشند، ممکن است دیدگاه یک کارمند با دیدگاه مدیرش متفاوت باشد اما مهم این است که برآیند این دیدگاهها، نیروی محرکه‌ای باشد که تحت رهبری مدیری آگاه به رشد و تعالی هرچه بیشتر سازمان بینجامد. مدیران یا به عبارت دقیقتر رهبران کنسرتها باید بدانند که چه‌وقت از هر صدا استفاده کنند، چه‌وقت به صدایی اجازه دهند بلندتر از سایر صداها باشد و چه‌وقت صدایی را کاملاً خاموش کنند.

متأسفانه یکی از جملات نامناسب که در سازمانها شنیده می‌شود این است که یک فرد به دیگری می‌گوید 'این مشکل تو است'. اولاً یادمان باشد ما مشکل نداریم بلکه، مسأله داریم و مسأله هم قطعاً راه‌حل دارد. و نکته بعدی اینکه من و تو نداریم بلکه، این عملکرد ما است که نهایتاً آهنگی را به گوش جان مشتری می‌رساند. آهنگی که برآیند تک‌تک سازهای اعمالی است که هر یک از افراد و دپارتمانها در سازمان می‌نوازند و وظیفه‌ی اساسی مدیر ارشد این است که بتواند صداهای سازها را طوری در یک سیستم گردآوری کند که آهنگ زیبای مشتری‌نوازی در پندار، گفتار، و کردار سازمان به نحو شایسته تجلی یابد.

گفتار پنجم

چرا دنیا به رهبران سه‌بخشی نیازمند است؟

شرایط چالش‌آمیز حاکم بر جوامع کنونی، اعم از مشکلات اقتصادی، زیست - محیطی، فرهنگی، و اجتماعی، موجب شده تا نیاز به همکاریهای میان بخشی بین بخش کسب‌وکار، بخش دولتی، و بخشهای غیرانتفاعی بیش از پیش احساس شود. اما این مهم تنها در صورتی محقق خواهد شد که رهبرانی بر سازمانها مسلط شوند که به قول دومینیک بارتون، مدیر عامل مؤسسه‌ی مک‌کنزی، از جنس رهبران سه بخشی باشند.

دومینیک بارتون، این گروه از رهبران را با عنوان "قهرمانان سه بخشی" (Tri-Sector Forum) یاد می‌کند؛ افرادی کاردان و خبره که بتوانند در هر سه بخش (کسب‌وکار، جامعه و دولت) فعالیت کنند و با آنها تعامل و همکاری داشته باشند.

تحقیقات مؤسسه‌ی مک‌کنزی، حاکی از آن است که غالب رهبران سه‌بخشی در هر یک از این بخشها دارای تجربه‌ی قبلی هستند، و قادرند با همسوسازی توان طیفهای مختلف نقش‌آفرینان سازمانی از فرهنگها و خرده‌فرهنگهای مختلف، برآیند این نیروها را در راستای حل مشکلات

بزرگ به کار گیرند.

برای مثال، بحران کمبود منابع آب آشامیدنی را در نظر بگیرید. شکاف ۴۰ درصدی موجود میان تقاضای جهانی برای آب تازه و پاک و میزان عرضه‌ی آن تا سال ۲۰۳۰ میلادی امروزه به معضلی جهانشمول تبدیل شده است که بسیاری از ابربرندها را نیز به تکاپوی حفظ منابع آبی انداخته است؛ چرا که با ادامه یافتن وضعیت فعلی، تا چند سال آینده هیچ کسب‌وکاری قادر به ادامه‌ی فعالیت نخواهد بود و مهمتر آنکه جان هزاران انسان در مخاطره قرار خواهد گرفت.

از قضا هر سه بخش یاد شده (بخش کسب‌وکار، بخش اجتماعی، و بخش دولتی) در چنین مواردی سهیم هستند. بدین‌رو، برای مدیریت اثربخش موارد کلان نیاز به چنین رهبرانی احساس می‌شود. آب مایه‌ی حیات و بقای بسیاری از کسب‌وکارها است و جزء جدایی‌ناپذیر فرایند تولید آنها به شمار می‌رود. از سویی دولتها وظیفه‌ی حفظ و بهره‌برداری از منابع آبی را بر عهده دارند.

از دیگر سو، سازمانهای اجتماعی و غیرانتفاعی نیز سودای دسترسی انسانها به آب پاکیزه و حفظ محیط زیست برای رسیدن به توسعه‌ی پایدار را در سر دارند. برای مثال در این مورد، شرکت کوکاکولا که برای تولید هر لیتر از محصولات خود بیش از دو لیتر آب مصرف می‌کند، ضرورت مشارکت بخشها را مطرح ساخته و ایده‌ی "مثلث طلایی کسب‌وکارها، دولت، و جامعه‌ی مدنی" را ساخته و پرداخته است. کوکاکولا بخوبی به اهمیت مسأله‌ی آب واقف است؛ چرا که بارها به دلیل اعتراضات مردمی، ناگزیر به تعطیلی واحدهای تولیدی خود شده است. رهبران سه‌بخشی هم قادرند تا پاسخگوی مطالبات جامعه باشند، هم می‌توانند مطالبات و منویات دولت و کسب‌وکارها را تأمین کنند. آنها با برقراری توازن میان نیازهای این سه بخش، منافع هر یک را مرتفع می‌سازند و رابطه‌ای برد - برد میان

آنها برقرار می‌کنند.

محققان و مؤلفان هاروارد در این باره، شش ویژگی این رهبران را معرفی کرده‌اند که در پی می‌آید:

۱ـ انگیزه‌های متوازن

این رهبران صرف‌نظر از اینکه در کجا مشغول به کار باشند، تمایل دارند تا برای عموم ارزش خلق کنند. رهبران سه بخشی از نفوذ خود بخوبی استفاده می‌کنند (اغلب در دولت)، دارای تأثیر اجتماعی هستند (اغلب در نهادهای اجتماعی و غیرانتفاعی)، و با قواعد تولید ثروت (اغلب در کسب‌وکارها) بخوبی آشنا هستند. آنها با برقراری توازن میان این سه عملکرد، در نهایت برای عموم ارزش‌آفرینی می‌کنند.

۲ـ مهارتهای انتقال‌ناپذیر

آنها دارای دسته‌ای از مهارتهای متمایز هستند که در تمام این بخشها دارای اهمیت است. این مهارتها طیف گسترده‌ای از مهارتهای تحلیل کمّی، برنامه‌ریزی راهبردی و مدیریت ذینفعان را شامل می‌شود.

۳ـ هوش زمینه‌ای

آنها از درک عمیقی نسبت به تفاوتهای موجود میان بخشها، بویژه در زمینه‌ی تفاوتهای فرهنگی، زبانی، عملکردی، و... برخوردارند، و از این تفاوتها به‌منظور بهینه‌سازی امور بهره می‌برند.

۴ـ شبکه‌های منسجم

رهبران سه بخشی دارای شبکه‌ای از روابط در هر یک از بخشها هستند، این وضعیت، موجب روان شدن اطلاعات در میان بخشها می‌شود و ساختار

را از حالت سلسله‌مراتبی خارج می‌کند.

۵ـ ذهن مجهز و آماده

آنها به انجام کارهای غیرمتعارف تمایل دارند و نحوه‌ی کار آنها به صورت زیگزاگی درون بخشها است. بنابراین، ذهن آنها همواره گوش به زنگ است و آمادگی هر اتفاقی را دارا است؛ چرا که در عین چندوجهی بودن، از ذهن منسجم با پردازش بالا برخوردارند.

۶ـ سرمایه‌ی فکری

آنها از یک دید جامع‌نگر برخوردارند و قادرند تا مسائل را از دریچه‌ی دید بخشهای مختلف ببینند. به همین دلیل است که سرمایه‌های فکری رهبران سه بخشی می‌تواند تأمین‌کننده‌ی نیاز هر سه طرف باشد.

فصل دوم

▼

سندرم اختلالات سازمانی

گفتار ششم

معرفی سندرمهای سازمانی

آسیب‌شناسی مسائل و موضوعات مختلف سازمان، یک ضرورت است. این ضرورت را کارشناسان و متخصصان سازمانی درک و در قالب چارچوبی با نام سندرم یا اختلال سازمانی تدوین کرده‌اند.

سندرم آمیزه‌ای از علائم و نشانه‌ها است که در کل اختلالی خاص را پدید می‌آورند.

باید دانست که هر سازمانی در برخی مقاطع ممکن است همچون موجودی زنده دچار مجموعه‌ای از معضلات سازمانی یا اصطلاحاً سندرمهای سازمانی شود.

انواع مختلفی از سندرمها در تیمها وجود دارد؛ آنچه که در پی می‌آید، به معرفی و تعریف برخی از سندرمهای بعضاً عجیب سازمانی می‌پردازد.

- **سندروم تروریسم سازمانی (Organizational Terrorism)**

در عصر حاضر هیچ واژه‌ای مانند تروریسم تا این حد شوم، نفرت‌انگیز، و هراس‌افکن نبوده است که با شنیدن آن، فهرست بلندبالایی از انواع خشونت، سوءقصد، قتل و بمب‌گذاری به ذهن انسان خطور می‌کند. ترور

در لغت به معنای ترس و وحشت زیاد است و تروریسم به معنای ترساندن است.

نخستین‌بار در سال ۱۷۹۶ میلادی در متمم فرهنگ لغات فرانسه، ترور را به معنای قتل سیاسی با سلاح، و تروریست را به معنای طرفدار خشونت و عامل ایجاد رعب و وحشت دانسته‌اند. تروریسم یکی از واژه‌هایی است که امروزه در ادبیات سیاسی جهان کاربرد بسیار گسترده‌ای یافته است و به حوزه‌های دیگر نیز راه یافته است. برای مثال اصطلاح تروریسم سازمانی را اینگونه تعریف می‌کنند: "رفتار یک فرد یا باندی از افراد خاص که چون برای دستیابی به هدفهای شخصی یا گروهی خود، قادر به استفاده از روشهای صحیح نیستند و نمی‌توانند منافع خود را به شیوه‌ای صحیح، مقبول، و مطابق با میزانهای اخلاقی به دست آورند؛ آنها می‌کوشند با اعمال قدرت و بر اساس ترس، حذف روانی- اجتماعی افراد دیگر، شایعه‌پراکنی و بدگویی، به مقصود خود برسند. طی این فرایند آنها سعی می‌کنند شخص یا اشخاص مورد تهاجم را در نظر رؤسا، مرئوسان و همکارانشان، نامطلوب، کم‌کار، مخالف هدفهای سازمان و افرادی بی‌مصرف و بد، جلوه دهند. تروریستهای سازمانی نیاز به اعمال قدرت دارند، اما در عین حال عزت نفس و دانش فنی پایینی دارند. این افراد به اصول اخلاقی پایبند نیستند و کم‌کار و تن پرور هستند."

در اغلب سازمانهای سلسله‌مراتبی، افراد در سطوح سازمانی مختلف ممکن است به خاطر حفظ موقعیت خویش و همچنین آماده‌سازی زمینه‌ی لازم برای ارتقای شغلی خود، افراد همردیف خود را نزد مدیر سازمان بد جلوه دهند، که به این عمل ترور شخصیت می‌گویند.

گروهی دیگر از نویسندگان اصطلاح تروریسم سازمانی را به رهبران نالایق سازمان نسبت می‌دهند و خودکامگی آنها را ابزاری برای اعمال فشار، و ایجاد هراس در میان کارکنان می‌دانند. از جمله اصطلاحاتی که

در مباحث مربوط به رفتار سازمانی برای آن تعاریف مختلفی آورده شده، قدرت، زور، و اقتدار است.

ماکس وبر، جامعه‌شناس معروف، قدرت را به عنوان احتمال قرار گرفتن یک فرد در روابط اجتماعی و در موقعیتی تعریف می‌کند که اراده‌ی خود را به‌رغم مقاومت و مخالفت دیگران، بر آنان تحمیل کند.

قدرت را می‌توان از منابع مشروع و غیرمشروع کسب کرد و شخصی که دارای قدرت از نوع اجبار و زور است، این توانایی را دارد که بر فرد یا افراد دیگر تنبیه و نتایج بیزارکننده‌ای را اعمال کند یا دست‌کم تهدیداتی را علیه آنها مطرح سازد. این شکل از اعمال قدرت در نظر بیشتر کارکنان یک سازمان نامطلوب و ناپسند است.

مدیران اینچنینی اغلب می‌کوشند با توجه به صلاحیتها و تواناییهای بالای فرد مورد نظر، مسئولیتها و وظایف کم‌اهمیت‌تر را بر عهده‌ی او گذارند، از ارائه‌ی هر فرصتی که می‌تواند باعث افزایش کارآیی و محبوبیت او در سازمان شود، جلوگیری کنند، و کارهای سخت و خسته‌کننده را بر عهده‌ی او گذارند. این قبیل افراد در حضور او و از کارکنان دیگر تعریف می‌کنند، ولی هیچ‌گاه به خدمات و خصوصیات قابل توجه شخص مورد نظر اشاره‌ای نمی‌کنند.

• سندرم گروه‌اندیشی (Group Thinking)

"گروه‌اندیشی" یک نحوه‌ی تفکر است که در آن اعضای گروه تحت فشار گروهی، آنچنان محو فضای موجود می‌شوند که از ارزیابیهای واقع‌بینانه بازمی‌مانند و به یک راه‌حل که مورد نظر گروه است دل می‌بندند و آن را باور می‌کنند.

محققان برای گروه‌اندیشی، نشانه‌هایی ذکر کرده‌اند که به‌وسیله‌ی آنها می‌توان به وجود بیماری گروه‌اندیشی در گروه پی برد. مهمترین نشانه‌ها

و عوارض ناشی از گروه‌اندیشی عبارتند از: توهم آسیب‌ناپذیری، گریز از نقد منطقی، یکسونگری و تعصب گروهی، کلیشه‌گرایی و تفکر قالبی، اعمال فشار بر اعضا، چشمپوشی افراط‌گونه از لغزشهای گروه، اتفاق آرا و توافق جمعی بی‌منطق، و نادیده گرفتن اطلاعات مخالف.

برای همگی ما پیش آمده که گاهی پیش از ورود به جلسه یا یک مذاکره، تصمیمی گرفته و یا از نظری بشدت طرفداری کرده باشیم، ولی هنگام ورود به جلسه و هضم شدن در فضای آن، بی‌آنکه اراده کنیم، از آن تصمیم منصرف شده‌ایم و چه بسا تصمیمی کاملاً متفاوت و مخالف آن گرفته‌ایم.

این مسأله دلایل متفاوتی دارد؛ از آن جمله می‌توان به نیاز افراد به مورد تأیید قرار گرفتن، حفظ عزت و احترام، و تنش‌زدایی اشاره کرد.

• سندرم آپولو (Apollo Syndrome)

اصطلاح سندرم آپولو را دکتر مردیت بلبین ابداع کرد. این سندرم اشاره به حالتی دارد که در آن افراد با قابلیتهای بسیار بالا در جمع، عملکرد ضعیفی دارند.

دکتر بلبین در اولین کتاب خود در خصوص تیمهای مدیریتی، به نتایج ضعیف و غیرقابل پیش‌بینی تیمهایی اشاره می‌کند که از افراد تیزهوش، دارای ذهن تحلیلگر و توانایی ذهنی بالا تشکیل یافته‌اند و نام این آسیب را سندرم آپولو می‌گذارد که شرح ماجرای جالب آن را می‌توانید در کتاب "دل‌نکته‌های معلم بازاریابی"، تألیف اینجانب بخوانید.

در مبحث مدیریت منابع انسانی، موضوع سندرم آپولو به فردی اشاره می‌کند که در رزومه‌ی خود، به طور اغراق‌آمیزی نتیجه و موفقیت تیمهایی را که در آن حضور داشته، به خود نسبت می‌دهد و کارفرمایان پس از استخدام متوجه می‌شوند چه کلاه بزرگی سرشان رفته است!

• سندرم استکهلم (Stockholm Syndrome)

در سال ۱۹۷۳ از یک بانک در استکهلم سوئد، سرقت شد. دزدها چند نفر از کارمندان بانک را چند روزی به گروگان گرفتند. بر خلاف انتظار، گروگانها از نظر احساسی جذب دزدها شدند و حتی بعد از آزادی از آنها دفاع کردند و حاضر نشدند علیه آنها، شهادت بدهند. بعدها، یکی از دزدها با یکی از خانمهای کارمند بانک ازدواج کرد! از آن به بعد سندرمی به نام سندرم استکهلم وارد ادبیات آسیب‌شناسی مدیریت شد.

مثال مشهور سندرم استکهلم، مورد ربوده شدن پتی هرست، دختر یک میلیونر است. او بعد از دزیده شدن با آدم‌ربا سمپاتی پیدا کرد و حتی بعدها در یک سرقت با او همکاری کرد!

اما ارتباط این سندرم با سازمان در کجا است؟ همان‌طور که می‌دانید موفقیت یک پروژه دست‌کم در گرو دو چیز است: یکی توانایی تیم پروژه در برنامه‌ریزی، مدیریت و تحویل نتایج؛ و دیگری توانایی گروه در ایجاد و حفظ روابط. اغلب گروههای کاری متوجه ایرادات در مرحله‌ی ارائه‌ی نتایج هستند اما بسیاری نمی‌دانند که ایجاد روابط نسنجیده دیگر معضل پیش روی آنها است.

برای مثال، چنانچه مدیران یا دیگر اعضای تیم در ایجاد روابط با مشتریان، ذینفعان خارجی، و یا رقبا افراط کنند و روابط درون‌سازمانی را نادیده بگیرند چه اتفاقی رخ خواهد داد؟ این دام می‌تواند ریسک قابل توجهی را برای سازمان به بار آورد و آنها را متضرر کند. گروههای دچار این سندرم حتی ممکن است ناخواسته در خدمت مطالبات رقبا برآیند. به‌طور کلی حاکم نبودن عدالت در سازمان موجب آن می‌شود که افراد جانب سازمان را نداشته باشند و حتی آن را با اقداماتی نظیر ارائه‌ی اطلاعات به رقبا، تضعیف کنند.

البته سندرم استکهلم در اصطلاح علمی نوعی پاسخ فیزیولوژیک

گروگانهای ربوده شده است. بر خلاف انتظار، نشانه هایی از همدردی و حس وفاداری آنها با آدم ربا ها دیده می شود. گروگانها حتی ممکن است با وجود خطراتی که تهدیدشان می کند، به صورت اختیاری خود را تسلیم آدم رباها کنند.

به اعتقاد برخی، حمایت از رابین هودها و امثالهم به دلیل احساس کمبود عدالت در فضای جامعه است. این سندرم در موارد دیگری از جمله سازمانها نیز دیده می شود. کارکنان سازمان سرخورده از بی عدالتی در سازمان خود با به اصطلاح "آدم بدها" که می توان آنها را رقبای خونین سازمان دانست، احساس همبستگی بیشتری می کنند و در جهت تأمین منافع رقیب بر می آیند.

● سندرم تغییر مکرر (Repetitive Change Syndrome)

تغییرات اضافه، به بروز سندرم تغییر مکرر منجر می شود. زمانی که سازمانها بیش از توان معقول افراد خود در پذیرش تغییر، اقدام به بمباران تغییرات می کنند، تقریباً هیچ یک از این تغییرات به ثمر نخواهد نشست و یا به صورت ناقص اجرا خواهد شد.

تغییرات موج گونه ی ناشی از آشوب یا بحران نیز در این حیطه قرار می گیرد. این تغییرات سونامی وار که سازمان را در بر می گیرد، علاوه بر ایجاد تعارض درونی، موجب تشویش اذهان می شود، بدین صورت که مشتریان یا کارکنان به سختی می توانند فرایندی را که باید دنبال کنند، بیابند و در مورد اینکه چه کسی باید چه کاری انجام دهد دچار سردرگمی می شوند.

فرسایش کارکنان نیز از پیامدهای اینگونه تغییرات است. شرکتهایی که از این سندرم رنج می برند، بیش از حد روی تغییرات داخلی تمرکز می کنند و از نیازهای مشتریان خود غفلت می کنند.

● پارادوکس آبلین (Abeliene Paradox)

پارادوکس یا تناقض آبلین، اشاره به مواقعی دارد که گروهی از افراد به‌صورت جمعی تصمیمی می‌گیرند که بر خلاف تمایلات تمامی افراد گروه است! در این مورد اعضای گروه به اشتباه اینگونه فکر می‌کنند که تمایلات آنها در تضاد با منویات گروه قرار دارد، از این رو هیچ اعتراضی نمی‌کنند. جمله‌ای که معمولاً در این هنگام می‌شنویم آن است که ما میل نداریم به طرف کشتی در حال حرکت سازمان خود سنگ‌اندازی کنیم. برخی این تناقض را از پیامدهای مستقیم گروه‌اندیشی می‌دانند.

اصطلاح تناقض آبلین نخستین‌بار به‌وسیله‌ی یکی از متخصصان علم مدیریت به نام جری هاروی در مقاله‌ی خود "تناقض آبلین: مدیریت توافق" به کار رفت. هاروی این نام را از حکایتی برداشت کرده بود که در ادامه به آن می‌پردازیم:

"در یک بعدازظهر گرم و طاقت‌فرسا در تگزاس، خانواده‌ای مشغول بازی دومینو در ایوان خانه بودند، تا آنکه پدر خانواده پیشنهاد کرد تا برای صرف شام به منطقه‌ی آبلین واقع در ۵۳ مایلی شمال تگزاس بروند. همسر او از این پیشنهاد استقبال کرد. اما پدر خانواده با آنکه به دلیل مسافت طولانی جا رزرو کرده بود، گفت که امیدوار است همسرش هم با این تصمیم موافق باشد. در این هنگام بود که مادر خانواده گفت که مدتها است به آبلین نرفته است و با این پیشنهاد موافق است. آنها به راه افتادند، مسیر گرم و پر از گردوغبار بود تا آنکه به رستوران رسیدند، اما وقتی شام خود را در آبلین صرف کردند غذا هم به همان بدی مسیر بود. آنها خسته و کوفته بعد از ۴ ساعت به منزل برگشتند. یکی از اعضای خانواده به کنایه گفت که "سفر خوبی بود، اینطور نیست؟" مادر اما پاسخ داد که ایکاش در منزل مانده بود، و دلیل آمدن خود را اشتیاق دیگر اعضای منزل ذکر کرد. پدر خانواده در جواب گفت که "من چندان از کاری که می‌خواستم انجام

دهم احساس خوبی نداشتم، و تنها می‌خواستم شما را خوشحال کنم." مادر هم گفت "من هم می‌خواستم شما را خوشحال کنم. باید دیوانه باشم که برای دل خودم رنج این گرما را به تن بخرم." و بعد پدر گفت که "این پیشنهاد را داده است چونکه فکر می‌کرده حوصله‌ی خانواده به سر آمده است." بالاخره پس از کلی بحث و جدل، اعضای خانواده به این نتیجه رسیدند که آنها عازم سفری شده‌اند که هیچ یک علاقه‌ای به رفتن به آن نداشته‌!"

در سازمانها نیز کم و بیش به کرّات شاهد چنین اتفاقاتی هستیم و گاهی اعضا پیشنهادات و نظراتی را می‌دهند و سر آن توافق می‌کنند که مدنظر هیچ‌یک نبوده است، و نتیجه رضایتبخش نخواهد بود.

• سندرم در اینجا اختراع نشده است (Not Invented Here Syndrome)

تاریخچه‌ی این سندرم به آسیب‌شناسی رویکرد مدیریت کلاسیک برمی‌گردد که در سالهای ۱۹۰۰-۱۹۲۰ مطرح بود، و به این مورد اشاره دارد که برخی تیمها از پذیرش تکنیکها و فناوریهایی که خود ایجاد نکرده‌اند، سر باز می‌زنند.

روانشناسان اعتقاد دارند که در این سندرم، کارکنان سازمان به دنبال مطرح شدن در سازمان هستند و تلاش دارند تا برای خود اعتبار شخصیتی کسب کنند. در این شرایط کارکنان آنقدر کوچک و حقیر می‌شوند که حتی از انجام بهترین روشها و ایده‌ها امتناع می‌ورزند. این سندرم موجب بسته شدن فضای سازمان می‌شود و روابط سازمان با نهادهای دیگر را دچار خدشه می‌کند.

• سندرم غفلت جمعی (Pluralistic Ignorance)

اصطلاح غفلت جمعی از اصطلاحات روانشناسی اجتماعی است که

به‌وسیله‌ی دنیل کتز و فلوید آلپورت در سال ۱۹۳۱ ابداع شد. غفلت جمعی اشاره به وضعیتی دارد که در آن اغلب اعضای گروه در خفا هنجارها را می‌شکنند و به غلط فرض می‌کنند که این کار در نظر دیگران صحیح و پذیرفتنی است. هیلگارد نیز غفلت جمعی را گرایش اعضای گروه به گمراه‌سازی یکدیگر درباره‌ی یک موقعیت می‌داند. مثلاً بر اثر آرام و نافعال ماندن برخی اعضای گروه ممکن است یک موقعیت اضطراری به‌صورت موقعیت غیراضطراری جلوه کند.

در سال ۱۹۶۴ در نیویورک زن جوانی به نام کیتی جینوویز در چند قدمی خانه‌ی خود در نیمه‌شب کشته شد. قتل او در حدود نیم ساعت طول کشید چون وی از خود دفاع کرده بود. حدود ۴۰ تن از همسایگان فریادهای استمداد او را شنیدند، اما هیچ‌کس به کمک وی نرفت و حتی هیچ‌کس پلیس را نیز خبر نکرد (روزنتال-Rosenthal-سال ۱۹۶۴). بیشتر موقعیتهای اضطراری به‌صورت ابهام‌آمیز شروع می‌شوند. آیا زندگی یک زن واقعاً در معرض خطر است یا اینکه ما فقط شاهد یک نزاع خانوادگی هستیم؟ آیا چیزی که از پنجره‌ای بیرون می‌زند دود است یا بخار؟ یک شیوه‌ی رایج برای حل و فصل چنین معماهایی این است که موقتاً دست نگه داریم و طوری رفتار کنیم که گویی اتفاقی نیفتاده است و به دور و بر خود نگاه کنیم ببینیم دیگران چه واکنشی نشان می‌دهند. در چنین وضعی احتمالاً چه خواهیم دید؟ افراد دیگر نیز به همان دلایل طوری رفتار می‌کنند که گویی اتفاقی نیفتاده است و به دور و بر خود نگاه می‌کنند تا ببینند دیگران چه واکنشی نشان می‌دهد. این نمونه‌ها از مثالهای بارز پدیده‌ی غفلت جمعی است که در سازمانها نیز کم و بیش شاهد آن هستیم.

● سندرم سیب لک‌دار (Bad Apple syndrome)
این سندرم اشاره به اهمیت تأثیراتی دارد که ویژگیهای مختلف گروه بر

یک تیم و اعضای آن دارد. اندازه‌ی گروه، هدف گروه، اتکای متقابل اعضای گروه، و هویت گروه، همگی عواملی هستند که بر چگونگی عملکرد جمعی گروه اثر می‌گذارند. چنانچه عضوی از گروه این عوامل را دچار خدشه و آسیب کند، این آسیب به کل گروه سرایت خواهد کرد. بدین‌رو اعضای گروه باید به یک هم‌افزایی منطقی دست یابند، وگرنه در صورت بروز یک آسیب احتمالاً کل سازمان بیمار خواهد شد و مانند لکه‌ی خراب یک سیب، این فساد تسری و گسترش خواهد یافت و کل سیب از بین خواهد رفت. جراحان در مورد بدن انسان به محض مشاهده‌ی فساد و تأیید درمان‌ناپذیر بودن آن، عضو دچار شده را قطع می‌کنند تا بیماری کل بدن را فرا نگیرد، در سازمانها نیز می‌توان ابتدا اقدامات درمانی را صورت داد و در صورت عدم بهبود، عضو خاطی را حذف کرد. بیماریهای اخلاقی مهمترین عامل ایجاد فساد درون سازمانها است.

● سندرم سکوت (Silence Syndrome)

در لغتنامه‌ی ویکی‌پدیا آمده است که سکوت کارکنان به شرایطی اشاره دارد که در آن کارکنان از ارائه‌ی دانش و اطلاعات خود به دیگران که می‌تواند برای سازمان مفید باشد، چه به‌صورت عمدی یا غیرعمدی امتناع می‌ورزند. یکی از مسائل مهم که در سازمان یادگیرنده مورد توجه قرار می‌گیرد، بحث آشکارسازی و اشتراک دانش افراد و به‌طور کلی بهره‌گیری از خرد جمعی سازمان است. "حرکت به سوی سازمانهای یادگیرنده و تندآموز"، یک انتخاب، یک شعار و یک مد جدید مدیریتی نیست بلکه، ضرورتی است برای سازمانهایی که در شرایط پر تغییر محیطی، برای بقا و توسعه‌ی خود دست‌وپنجه نرم می‌کنند. هر سازمانی برای دستیابی به هدفهای خود، از مجموعه دانشی استفاده می‌کند که نزد تک‌تک افراد و در ذهن آنها انباشته شده است. در صورت عدم استفاده از این دانشها،

می‌توان شکست سازمان یا بالا بودن هزینه‌های ناشی از تکرار برخی فرایندهای تصمیم‌گیری و عدم استفاده‌ی مطلوب از سوابق تجربی و تصمیم‌گیریها را انتظار داشت. به همین دلیل، سازمانهای پیشرو اقدام به جمع‌آوری دانش نهفته نزد کارکنان و گروههای کاری می‌کنند که به آن "سرمایه‌ی دانش" گفته می‌شود و از سرمایه‌های فیزیکی سازمان اهمیت بیشتری دارد. در متون مدیریت دانش، تأکید بسیاری بر ارتقای فرهنگ سازمانی به سمت اشتراک دانش شده است. یکی از موانع عمده‌ی اشتراک دانش در سازمانها، فرهنگ سازمانی موجود است.

● سندرم فراموشی (amnestic syndrome)

فراموشی سازمانی به پدیده‌ای اشاره دارد که در آن اطلاعات و دانش سازمانی به ۳ شکل فردی، گروهی، و الکترونیکی از بین می‌روند. در این سندرم سازمانی، محتوای حافظه فراموش می‌شود و یا عدم امکان دسترسی به اطلاعات و دانش به‌صورت موقتی یا دائمی شکل می‌گیرد. استعفا، بازنشستگی، کار بیش از اندازه، مخفی کاریها و یا پاک شدن اطلاعات الکترونیکی در سازمان، مصادیق بارزی از فراموشی سازمانی است. این سندرم را نیز می‌توان از دلایل مستقیم حاکم نبودن فضای سازمان دانش‌محور دانست. در سازمانهایی که حفظ و ارتقای موقعیت شغلی بستگی به دانش افراد دارد و دانش کسب شده به آنان قدرت می‌دهد، اشتراک دانش برابر با به خطر افتادن و آسیب‌پذیری موقعیت شغلی تلقی می‌شود.

● سندرم صندلی گهواره‌ای (Rocking Chair Syndrome)

حتماً شما نیز گاهی لذت تاب خوردن با این صندلیها را احساس کرده‌اید. این صندلیها با وجود آنکه احساس حرکت را به شما منتقل می‌کنند، اما

از جای خود تکان نمی‌خورند و ثابت می‌مانند.

این سندرم عبارت است از تظاهر گول‌زننده‌ای که به انجام فعالیتها و کارهای روزانه به شکل ظاهری اشاره دارد و تا آنجا پیش می‌رود که مسئولان برای ارزیابی عملکرد از فعالیتها و کارکنانی که این سندرم را دارند، مرتکب اشتباه شوند!

در این سندرم به‌رغم اینکه کارمندان تحرکی را از خود بروز می‌دهند، اما تظاهر به این تحرک به‌صورت درجا و ثابت بوده و هیچگونه پویایی برای سازمان در بر ندارد.

● سندرم پاریس (Paris Syndrome)

نام این سندرم در اصطلاح پزشکی اختلال انطباقی است، اما گفته می‌شود سالانه از میان میلیونها گردشگری که هر سال از شهر زیبای پاریس بازدید می‌کنند، تعداد انگشت‌شماری و بویژه شرقیها دچار اختلال وضعیت ذهنی و شوک فرهنگی می‌شوند و راه‌حل مشکلشان این است که به میهنشان بازگردند. این مورد می‌تواند همچنین گریبانگیر افرادی که بتازگی وارد سازمان می‌شوند نیز بشود و آنها را تا مدتی در شوک فرو ببرد که یکی از راه‌حلهای آن اتخاذ راهبرد اجتماعی‌سازی در سازمان است. به‌طور کلی فرایند اجتماعی شدن در سازمان از اهمیت بسیار بالایی برخوردار است که البته در صورت حاکم بودن فرهنگ غلط سازمانی، این فرایند به سرانجام نمی‌رسد و کارکنان سازمان در صورت عدم هضم فرهنگ سازمان، کارآمدی لازم را نخواهند داشت و حاصل کارکنانی بی‌انگیزه و سرکش خواهد بود.

فرایند اجتماعی شدن در سازمان دارای ۳ مرحله است که رعایت اصول آن می‌تواند از بروز مشکلات آتی جلوگیری کند:

۱- قبل از ورود به سازمان: تا حد امکان اطلاعات جامعی را از سازمان در اختیار فرد قرار دهید و از او نیز بخواهید تا خود متقابلاً به تحقیق و

بررسی پیرامون شرکت بپردازد. هر چند که مسیر درست‌تر آن است که پیش از استخدام و در مرحله‌ی مصاحبه از آشنایی نسبی فرد با سازمان مدنظر یقین پیدا کنید.

۲- رویارویی فرد با سازمان: یعنی برخورد تفکر و تصورات قبلی فرد، قبل و بعد از ورود به سازمان که اگر تفاوت میان واقعیات سازمان و پیش‌فرضیات فرد درباره‌ی آن زیاد و عمیق باشد، تحمل‌ناپذیر بوده و زمینه‌های استعفا / ترک خدمت / سرخوردگی و بی‌تفاوتی را ایجاد می‌کند و در غیر این صورت فرد با تغییر نگرش/ برقراری ارتباط با دیگران / و پیشه کردن صبر و شکیبایی، خود را با شرایط و واقعیات سازمان وفق می‌دهد.

۳- تحول و دگرگونی فرد: اگر فرد شناخت درستی از سازمان داشته باشد، هنجار و نظام ارزشی سازمان را می‌پذیرد، بینش، نگرش و رفتار خود را مطابق با آن تغییر می‌دهد، جایگاه کاری و اجتماعی صحیح خود را می‌یابد و به‌عنوان عضوی واقعی درمی‌آید. چنانچه فرایند اجتماعی کردن موفقیت‌آمیز باشد، نتیجه تعهد بیشتر فرد نسبت به شغل و سازمان و در پی آن بهره‌وری و کارآیی بیشتر خواهد بود.

گفتار هفتم

اختلالات سازمانی

یادداشت حاضر به قلم کارل آلبرخت، از برجسته‌ترین محققان عرصه‌ی سازمانی و مبدع پدیده‌ی هوش سازمانی (Organizational Intelligence)، به بررسی اجمالی برخی دیگر از اختلالات رایج در سازمانهای کنونی پرداخته می‌شود.

اختلالات سازمانی دارای طیف و ابعاد گسترده‌ای هستند که در صورت عدم تشخیص و درمان بموقع، هزینه‌های بسیاری را بر منابع سازمان تحمیل می‌کنند. برخی از این اختلالات سازمانی عبارتند از:

اختلال کاستی توجه (ADD):

مدیریت ارشد سازمان نمی‌تواند به‌مدت کافی روی آرمان اصلی، استراتژی، و یا مشکل اساسی سازمان تمرکز کند تا به این وسیله راه‌حلی برای آنها بیابد.

این اختلال موجب می‌شود که سطوح ارشد سازمان بیشتر توجه خود را بر روندهای جدید و اخیر مثل تغییرات کلیدی در استراتژی رقبا، یا تغییرات جدید در بازار جلب کنند و از هدفهای اولیه و اساسی بازبمانند.

سندرم "آهن‌پاره‌ها درون آتش" (Too many irons in the fire) نوع دیگری از اختلالات ناشی از کاستی یا نارسایی توجه است؛ مبتلایان به این سندرم دارای راهکارها و برنامه‌های متعددی هستند، که اغلب این کارهای متعدد تنها موجب اتلاف منابع می‌شوند و تمرکز را از مسأله‌ی اصلی بازمی‌دارند.

اختلال آنارشی یا هرج‌ومرج سازمانی؛ وقتی که رؤسا رهبری نمی‌کنند
یک تیم اجرایی ضعیف، از هم پاشیده، یا نامتمرکز نمی‌تواند همّ و غم خود را معطوف به آرمان اصلی کند و بدین‌رو، عنصر راهبری در آن کمرنگ است، و نزاع و جدل میان مدیرعامل و هیأت‌مدیره، یا وجود مناقشه‌ی اساسی بین اعضای ارشد سازمان، موجب خالی ماندن سکان هدایت سازمان می‌شود.

فقدان تمرکزی روشن و نیز نبود اولویتهای معنادار، موجب آن می‌شود که اقدامات افراد و اعضای سازمان روی مواردی پراکنده شود که خود صلاح دانسته و انتخاب کرده‌اند.

بدون احساس وجود آرمان و هدفی والاتر، رهبران و مدیران واحدها از اولویتها و خط‌مشی‌های شخصی خود تبعیت کرده و آن را بر موفقیت سازمان ارجح می‌دانند.

کم‌خونی سازمانی (Anemia): بقای غیر اصلح!
در شرایط کم‌رمق اقتصادی و تجربه‌ی شوکهای اقتصادی و مناقشات متعدد سازمانی، غالباً افراد کم‌رمق و کم‌استعداد دوام بیشتری می‌آورند و بالعکس افراد مستعد به دلایل مختلف از جمله کمبود نقدینگی کنار گذاشته می‌شوند. اما زمانی که اوضاع رو به بهبود می‌گذارد، سازمانها نوعاً با فقدان استعداد، انرژی، و پویایی لازم برای سرمایه‌گذاری در اوقات مبادا روبه‌رو

می‌شوند.

سندرم نظام کاست سازمانی (Caste System)

فرهنگ لغات، واژه‌ی کاست را به معنای نژاد تعریف می‌کند. نظام طبقاتی و یا کاست، نوعی نظام اجتماعی است که در ساختارهای سازمانی نیز دیده می‌شود. در این سیستم افراد نمی‌توانند به رتبه‌های دیگر و بالاتر ارتقا یابند و مزایا بر اساس نقشهای انتسابی توزیع می‌شود. برخی سازمانها نیز دارای ساختار و نظامی غیررسمی و در سایه هستند که مبتنی بر جنبه‌های خاص جایگاه اجتماعی یا حرفه‌ای افراد شکل گرفته است، چیزی که غالب افراد از آن مطلع اما از صحبت در خصوص آن امتناع می‌ورزند. برای مثال، بیمارستانها به عنوان یک سازمان، اغلب دارای ساختارهای کاستی سفت و سخت هستند، که در آن پزشکان در رأس هرم، پرستاران در طبقه‌ی بعدی و پایینتر، و دیگر طبقات مختص افراد فاقد تخصص درمانی و بهیاری است که در سطوح زیرین جای می‌گیرند. دانشگاهها و دیگر مراکز تحقیقاتی و دانش‌بنیان نیز به‌طور دقیق جایگاهها را تعریف می‌کنند. البته این کاستها هرگز در چارت رسمی سازمانی منعکس نمی‌شوند، با این حال رفتار جمعی سازمان غالباً تحت تسلط آنها است. نظامهای کاست معمولاً مرز و حد و حدودی غیررسمی و نامرئی به وجود می‌آورند، موجب تقویت نفاق و جناح‌گرایی شده، و هزینه‌ی مرتفع ساختن نیازهای شخصی و اجتماعی و سیاسی آنها بر سازمان و رده‌های پایین سازمان تحمیل می‌شود.

سندرم جنگهای داخلی: تقابل ایدئولوژیها

در این حالت سازمان به دو جناح عمده تقسیم‌بندی می‌شود که منافع و ایدئولوژیهایشان در تضاد با یکدیگر است و هر یک از جناحین سیستم

ارزشی و ایدئولوژی کاری خود را ترویج می‌دهد. این افتراق می‌تواند در سطوح بالا و یا میان واحدهای مختلف سازمان و یا خرده‌فرهنگها مثل بخش مهندسی و بخش بازاریابی بروز کند.

در برخی موارد وجود تنش پویا میان ایدئولوژیهای متفاوت می‌تواند به نفع سازمان باشد و سازمان را از منافع خود بهره‌مند سازد، اما در دیگر موارد این تنشها و دودستگی‌ها می‌تواند موجب بروز اختلال دیگری به نام زمین‌گیری و یا فلج سازمانی شود و منازعات سازمانی را در گردونه‌ی فرسایش قرار دهد.

سندرم فرتوتی رهبران بنگاههای اقتصادی

سندرم فرتوتی رهبران بنگاههای اقتصادی، ارمغان رهبرانی است که به لحاظ ذهنی فرتوت و فرسوده می‌شوند و گاه به دلیل فقدان تندرستی و از کارافتادگی، نمی‌توانند روح تازه‌ای در کالبد سازمان بدمند و با آوردن ایده‌های بکر و تازه و استعدادهای نو موجب جریان حیات در رگهای سازمان شوند. این سندرم گاه موجب تعهد سطوح ارشد سازمان به ایدئولوژیهای کسب‌وکاری منسوخ و متوسل شدن به روشهای کهنه‌ای می‌شود که روزی موجب موفقیت سازمان بودند، اما امروزه حتی شاید موجب به گل نشستن کشتی سازمان باشند. فرتوتی رهبران بنگاههای اقتصادی چندان به سن و سال رهبران ارتباط پیدا نمی‌کند و گاه رهبران جوان سازمان نیز دچار این عارضه می‌شوند.

سندرم افسردگی سازمانی

گاه اوضاع سازمانی رو به وخامت می‌گذارد، مانند شرایط بحرانی اقتصاد و کمبود نقدینگی، و بحران وصول مطالبات در سازمان؛ در این شرایط برخی رهبران و مدیران ارشد در نهایت نمی‌توانند هیچگونه تماسی همدلانه

با اعضای سازمان برقرار کنند، و جوّ سازمان رو به تشنج و افسردگی و رکود می‌گذارد.

کارکنان سازمان بتدریج احساس رهاشدگی و آسیب‌پذیری می‌کنند و فضای دلسردی بر سازمان حاکم می‌شود، و افراد خود را در قید و بند تعهدات ندیده و روحیه‌ی خود را از دست می‌دهند.

گفتار هشتم

سندرم‌شناسی سازمانی؛
رویکرد ساندویچی و نقش آن در تضعیف سیستم بازخورد

حتماً تاکنون بارها پیش آمده که برای ارائه‌ی یک بازخورد منفی و یا انتقاد، دست به دامان تاکتیکی به نام رویکرد ساندویچی شوید. در این روش بازخورد منفی در لفافه و پوشش چند بازخورد مثبت منتقل می‌شود، و به نوعی در یک بسته‌بندی زیبا گنجانده می‌شود تا از میزان انزجار آن کاسته شود. هر چند که این روش به ظاهر از بروز تنش در طرفین جلوگیری می‌کند، اما با این حال رویکرد ساندویچی در تعاملات و بویژه تعاملات سازمانی موجب تضعیف ارتباط و اثربخشی بازخورد می‌شود.

رهبران کسب‌وکار دلایل بسیاری را برای استفاده از چنین رویکردی برمی‌شمارند؛ از جمله آنکه:

به گمان آنها زمانی که یک بازخورد منفی را با بازخوردی مثبت انتقال می‌دهیم، افراد با آغوش باز پذیرای نظرات انتقادی‌مان خواهند بود.

بسیاری از مدیران دلیلی قانع‌کننده برای این نوع بازخورد و شیوه‌ی خود در انتقاد ندارند، حال آنکه طبق تحقیقات صورت گرفته اغلب افراد تمایل دارند تا به دور از حواشی و شاخ و برگهای اضافه، به اصل مطلب

پرداخته شود؛ به عبارتی محتوای داخل ساندویچ اهمیت بیشتری نسبت به پوشش آن دارد. رویکرد ساندویچی موجب تحت‌الشعاع قرار گرفتن موضوع اصلی می‌شود و افراد را از متن دور می‌کند. به علاوه آنکه اتخاذ چنین رویکردی موجب می‌شود تا کارکنان سازمان برای بازخورد مثبت شما هم چندان ارزشی قائل نباشند، چرا که در صداقت گفتارتان تردید خواهند کرد.

چرا مدیران رویکرد ساندویچی را به مدیریت شفاف ترجیح می‌دهند؟
به گمان برخی مدیران، رویکرد ساندویچی موجب ایجاد توازن در انتقال بازخورد می‌شود و اندکی از زمختی انتقاد می‌کاهد. هر چند که ارائه‌ی بازخورد مثبت موجب انگیزش کارکنان می‌شود، اما استفاده‌ی ابزاری از آن به‌عنوان پوششی برای بازخوردهای منفی تنها موجب کاهش ارزش بازخوردهای مثبت می‌شود.

به گمان این قبیل مدیران، ارائه‌ی توأمان بازخورد منفی و مثبت موجب کاهش تنش و ناراحتی در طرف مقابل می‌شود.

دلیلی که بسیاری از رهبران سازمانی برای استفاده از رویکرد ساندویچی ذکر می‌کنند، ایجاد احساس آرامش درونی، هم در خود و هم در طرف مقابل است. شاید شروع بحث با تعریف و تمجیدهای پوشالی به ظاهر ساده‌تر بیاید و موجب تنش‌زدایی شود، اما ادامه یافتن آن با بازخوردهای منفی ذهن طرفین را بیشتر دچار تشویش می‌کند. چرا که در واقع مغز افراد در چنین شرایطی احساس فریب خوردگی می‌کند و اوضاع جدید را متفاوت از چارچوبهای اولیه درک می‌کند.

به این ترتیب رهبران اثرگذار در معادلات سازمانی نسبت به استراتژیهایی که در قبال سایرین به کار می‌بندند شفافیت به خرج می‌دهند. در مقابل رویکرد ساندویچی یک راهبرد یکطرفه در اثرگذاری و اقناع است که در بیشتر مواقع نتایج عکس و نامطلوب به بار می‌آورد.

راهکار درست برای مقابله با سندرم ساندویچی در مناسبات سازمانی
اما راهکار درست چیست؟ متخصصان هاروارد با مثالی منظور خود را از
سیاست شفاف در مناسبات سازمانی روشن می‌کنند.

مثال زیر، برشی از یک ارتباط صحیح سازمانی است که در آن فرد مدیر
و یا مسئول با به‌کارگیری روشی صحیح، دغدغه‌ها و انتقادات خود را به
طرف مقابل منتقل می‌کند:

"همکار عزیز شما را خواستم تا در مورد مسائلی که موجبات نگرانی
من را فراهم کرده است، کمی تبادل نظر کنیم. به نظر می‌رسد که ارائه‌ی
جناب‌عالی در خصوص روند و شرایط فعلی سازمان در حضور تیم ارشد
مدیریت سازمان، کمی آنها را در خصوص استراتژی ما دچار ابهام و تردید
کرده باشد. بد نیست چیزهایی را که موجب بروز این دغدغه‌ی ذهنی من
شد، با هم مرور کنیم و ببینیم که آیا نظر شما هم با من یکی است یا خیر.
بعد از توافق بر سر این موارد، کمی بیشتر در خصوص نگرانیهایم با شما
صحبت خواهم کرد تا به نقطه‌نظری مشترک و راهکاری مناسب برای آینده
دست یابیم. البته قبول دارم که شاید برخی چیزها از چشم من دور مانده
باشد، اما این مسائل چیزی نیست که حل‌ناشدنی باشد. نظر شما چیست؟!"

همان‌گونه که در مثال بالا مشهود است، اتخاذ رویکردی شفاف و پرهیز
از تاکتیک ساندویچی، به دلایل متعدد روشی کارآمدتر است. اول آنکه به
درکی مشترک با طرفین دست می‌یابیم و شانس یادگیری مشترک از اوضاع
نگران‌کننده و شکستهای سازمانی به این ترتیب افزایش خواهد یافت. مزیت
بعدی این است که افراد با شناخت مسأله‌ی واقعی می‌توانند همگام با
یکدیگر برای حل مسأله اقدام کنند.

و نکته‌ی آخر اینکه با اتخاذ رویکرد شفاف می‌توان شیوه‌ای موشکافانه
در حل مسائل را در پیش گرفت، در این صورت اطلاعات بیشتری راجع
به مسائل بین طرفین رد و بدل می‌شود و وجوه بیشتری از آن روشن

می‌شود. بدین‌رو، می‌توان به نحوی شایسته‌تر برای اقدامات آتی برنامه‌ریزی کرد.

فصل سوم

▼

بینشهای مدیریتی

گفتار نهم

چندی از آموزه‌های یک برگ درخت برای رهبران

شاید شما نیز با مشاهده‌ی این عنوان، ناخودآگاه به یاد این شاه‌بیت معروف استاد سخن، سعدی، افتاده باشید که می گوید: "برگ درختان سبز در نظر هوشیار، هر ورقش دفتری است معرفت کردگار".

فارغ از سخن سعدی، اندی اندروز (Andy Andrews)، از برگ درخت برداشتی دیگر دارد؛ وی از جمله افرادی است که جزو فهرست "تأثیرگذارترین اشخاص دنیا" از نظر نیویورک تایمز قرار دارد. اندی اندروز نویسنده‌ی داستانهای پرفروش و سخنگوی سازمانهای بزرگ در دنیا است. او بنا به درخواست چهار رئیس‌جمهور امریکا، برایشان سخنرانی کرده است. کتابهای وی نیز همیشه در ردیف پرفروشترینها قرار داشته‌اند.

"راهنما" و یا "هوشیار (The Noticer)" نام یکی از کتابهای بسیار مشهور و اثرگذار این نویسنده است. این کتاب، داستان یک وقایع‌نگاری از احوالات یک شهر کوچک و مردمان ساده‌ی آن دیار است. مردم این شهر مشکلات خود را دارند؛ طلاق و فروپاشی خانواده‌ها، بزرگسالانی در آستانه‌ی تسلیم شدن در مقابل زندگی، و تاجرانی در شرف ورشکستگی،

و... همه چیز از این شهر یک نماد ناامیدی ساخته است، اما خوشبختانه به ناگهان پیرمردی مرموز به نام جونز دیدگاهی نوین و معجزه‌وار را برای تحول در زندگی به این مردم هدیه می‌کند. جونز یک راهنما و رهبر است. وی به نکاتی اشاره می‌کند که دیگران نادیده می‌گیرند.

این داستان بر اساس ماجرایی واقعی است و در رده‌ی داستانهای الهامبخش قرار می‌گیرد. این کتاب به خواننده این فرصت را می‌دهد تا اولین قدم را به سوی تغییری اساسی در جنبه‌های مختلف زندگی خود بردارد. با توجه به شباهت سازمان به موجود زنده که در طول حیات خود بی‌تردید نیازمند بهسازی و توسعه است، مقوله‌ی تغییر در سازمان رنگ دیگری به خود می‌گیرد. تغییر به عنوان یک الزام برای بقا است. تغییر اجتناب‌ناپذیر است و باید به‌منظور ایجاد تحولات سازنده و مؤثر در سازمانها، طراحی و مدیریت شود. جهان امروز نیاز فزاینده به آن نوع از رهبری دارد که به ایجاد سازمانهایی بها می‌دهد که به سمت فعال کردن پتانسیلهای خود می‌پردازند و در عین حال به حل بحرانها و شرایط اضطراری محیط کار نیز می‌اندیشد. در چنین شرایطی، سازمانها باید بدانند که برای رسیدن به اقتدار آتی ناچارند اهداف "شدن" را به اهداف "ماندن" ترجیح دهند. به بیان دیگر در عصر حاضر، تحول، بازسازی و نوسازی یکی از ابعاد مهم سلامت سازمانی است و بنابراین، مدیریت تغییر در سازمانها یکی از مشکلترین وظایف مدیران پیشرو است.

در یکی از بخشهای کتاب "راهنما"، اثر اندی اندروز، شخصیت اصلی یعنی جونز نیاز به اطلاعات را به برگ یک درخت در جنگل تشبیه می‌کند. توانایی کسب اطلاعات اندک و سپس استفاده از همین مقدار اطلاعات ناچیز برای رسیدن به شناختی جامع و کلی، از جمله قابلیتهای رهبران بزرگ است. جونز به زیبایی آنچه را که شما می‌توانید درباره‌ی جنگل از یک برگ بیاموزید توصیف می‌کند؛ همین برگ به ظاهر ناچیز به شما در

فهم و شناخت فصلی که در آن قرار دارید، اقلیم، آب و هوا، نوع درختان مجاور و بسیاری دیگر از اطلاعات کمک می‌کند!

خود را در کسوت یک رهبر تجسم کنید. مردم با دستی پر از مشکلات به سراغ ما می‌آیند و از ما در حل این مسائل کمک می‌طلبند. گاهی ما صرفاً به پاک کردن صورت مسأله اکتفا می‌کنیم و از اصل مشکل غافل می‌مانیم. بسیاری از اوقات مسائل کوچکی که به ما گوشزد می‌شود، نشانه‌ی وجود مشکلاتی بزرگتر در درون سازمان است.

در رهبری یک برگ تنها یک برگ نیست بلکه، راهنمایی برای شناخت جنگل (سازمان) است. به موشکافی و تجزیه‌وتحلیل همین تکه برگها بپردازید تا شما را به شناختی عمیق از سازمان خود برساند. نتایج کار مایه‌ی شگفتی شما خواهد بود.

گفتار دهم

آموزه‌های زیست‌شناسی برای بقای کسب‌وکار؛ انطباق‌پذیری

هستی، خوشبختانه درسهای بسیاری را در خود دارد که به ما و دیگر جانداران کمک کرده تا میلیونها سال در دنیای غیرقابل‌پیش‌بینی به بقای خویش ادامه دهیم. این منبع، الهامبخش زیست‌شناسان است. متخصصان هاروارد با تشبیه سازمان به یک ارگانیسم زنده، به بررسی آموزه‌های زیستی و طبیعی برای کسب‌وکار پرداخته‌اند.

تمامی ارگانیسمها و جانداران موفق بر روی کره‌ی زمین توانسته‌اند بدون آنکه بحرانهای گذشته را مورد تحلیل و موشکافی قرار دهند و یا برای پیش‌بینی رویدادهای آتی تلاش کنند، به حیات خود ادامه دهند. آنها هرگز دست به دامان برنامه‌ریزی و یا چارچوبهای پیش‌بینی‌شده نشده‌اند. در عوض، خود را انطباق داده‌اند. انطباق‌پذیری به معنی قدرت تشخیص و واکنش در قبال تغییرات پدید آمده است؛ صرف‌نظر از اینکه این رویدادها تا چه میزان غافلگیرانه و یا بدون هماهنگی و در شرایط نامساعد بروز کرده باشند.

طبیعت و جانداران، الهامبخش بسیاری از صنایع و خدمات بوده‌اند؛

برای مثال پرندگان الهامبخش مهندسان در ساخت هواپیما شدند. ساختار بدن ماهیها و شیوه‌ی شنا کردنشان در آب، الهامبخش زیردریاییها شد؛ انسانها از بال جغدها برای ساخت هواپیمای بی‌صدا الگو گرفتند، و جالب آنکه محققان دانشگاه کالیفرنیا با بررسی فیلم سی‌تی‌اسکن سر دارکوب توانستند ضربه‌گیرهایی بسیار مستحکم بسازند و آن را در سپرهای محافظ و حتی ساخت جعبه‌ی سیاه هواپیماها به کار برند. دارکوب می‌تواند تا بیش از ۲۰ بار در ثانیه و با شتاب بسیار بالا به درخت نوک بزند، بدون آنکه جسم او متوجه آسیبی شود. طبیعت بخشنده، حاوی نکاتی فراوان برای بخش کسب‌وکار است. اما در علم مدیریت، با وجود ضرورت بالای مقوله‌ی انطباق‌پذیری، تنها معدودی از شرکتها و مدیران نوآور هستند که طبیعت را الگوی خود برای آموختن اسرار انطباق‌پذیری قرار داده‌اند. سیستمها و سازوکارهای انطباق‌پذیر در طبیعت از الگوهایی پیروی می‌کنند که در ذیل به آن پرداخته می‌شود:

● تمرکززدایی

کامیاب‌ترین و خوش‌عاقبت‌ترین ارگانیسمهای زیستی به گونه‌ای سازمان یافته‌اند که از کنترل مرکزی اجتناب دارند، و از همین رو نزدیکترین عامل به مشکل و یا مسأله می‌تواند به‌طور مستقل تغییر را احساس کند و در مقابل آن واکنش نشان دهد. برای مثال اختاپوسها، به‌رغم آنکه موجوداتی به نسبت باهوش هستند، اما به جای آنکه مغز آنها در هنگام مواجهه با خطر، فرمان تغییر رنگ و استتار بدهد، در عوض این سلولهای پوستی هستند که به محض مواجهه با تغییر به‌سرعت متوجه شرایط می‌شوند و خود را با شرایط پیش آمده انطباق می‌دهند.

مدیران عامل و ذینفعان سازمانها نمی‌بایست هراسی از ایجاد چنین سازوکاری در سازمان خود داشته باشند، چرا که حسگرهای مستقل

ارگانیسمهای سازگارپذیر مخرب نیستند. آنها متکی بر منابع سازمان بوده و تابع حدود و خطوط راهنمایی هستند که کلیت ارگانیسم (سازمان) تعیین کرده است.

سازمانهای تمرکزگریز می‌توانند به شکلی چابکتر، کم‌هزینه‌تر، و با اثربخشی بالاتر از پس مشکلات پیچیده برآیند.

● افزونگی (Redundancy)

افزونگی به معنای نسخه‌برداری و یا تهیه‌ی پشتیبان از یک ویژگی به منظور جلوگیری از خرابی سیستم است که نتیجه‌ی بد عمل کردن آن ویژگی است. سیستمهای انطباق‌پذیر از همه چیز رونوشت تهیه می‌کنند تا در شرایط بحرانی و عدم قطعیت از آن بهره ببرند. افزونگی در ارگانهای زنده، در ژنوم آنها یافت می‌شود، به این معنا که تعداد زیادی ژن با کارکرد مشابه در ژنوم جاندار وجود دارد که می‌توانند در مواقع نیاز جایگزین هم شوند. برای مثال، امروزه شرکتهای سازنده‌ی قطعات یدکی مثل قطعات هلی‌کوپتر از تمامی قطعات ساخت خود تعدادی را برای نمونه نگهداری می‌کنند. از این رو، زمانی که هلی‌کوپتری پس از ۲۰ سال زمینگیر شود، تنها چنین شرکتهایی هستند که می‌توانند قطعات و لوازم آن را تهیه کنند. افزونگی به شرکتها مزیت رقابتی می‌دهد و در مخاطرات، بقای آنها را تضمین می‌کند.

● روابط مبتنی بر همزیستی

تمامی ارگانیسمها و موجودات زنده برای افزایش انطباق‌پذیری خود به همزیستی روی می‌آورند. همزیستی غالباً میان بی‌شباهت‌ترین موجودات رخ می‌دهد، مثل همزیستی دسته‌های کوچک ماهی با کوسه‌های مهاجم! بنابراین، همزیستی نتایج شگفت‌انگیزی را به بار می‌آورد که برای دو طرف

سودمند است.

برای مثال، باکتریهایی را در نظر بگیرید که درون معده‌ی انسان یافت می‌شوند؛ باکتریهای سودمند و همزیست به هضم و گوارش مناسب غذا کمک می‌کنند و از طرفی خود نیز تغذیه می‌شوند و به بقایشان ادامه می‌دهند.

شاید بارزترین مثال همزیستی در کسب‌وکارها را بتوان در مورد شرکت بن اند جری، از جمله مطرح‌ترین تولیدکنندگان بستنی، و شرکت یونیلور مطرح کرد. بن اند جری برندی قدرتمند بود که همواره در رویدادهای اجتماعی و عام‌المنفعه حضوری پررنگ داشت. در مقابل، یونیلور قصد داشت تا گستره‌ی محصولات خود را به بخشهای خاص مواد خوراکی توسعه دهد، از این رو، شرکت بن اند جری را خریداری کرد. جالب آنکه این شرکت بزرگتر (یعنی یونیلور) بود که خود را با شرکت کوچکتر (بن اند جری) تطبیق داد! بنابراین، این شرکت با الهام‌گیری از همزیستی میان ساختارهای زنده، دی‌ان‌ای سازمانی بن اند جری را جزئی از ساختار خود کرد.

کارکنان و مدیران بن اند جری حتی پس از خرید این شرکت از سوی یونیلور همچنان می‌توانستند با لباسهای غیررسمی سر کار حاضر شوند و فعالیتهای خیریه و عام‌المنفعه را نیز ادامه دهند. در مقابل، یونیلور نیز توانست به هدفهای خود دست یابد.

گفتار یازدهم

مدیریت بیوریتم

راز بیوریتم، حکایت از وجود فصلهایی در وجود انسان می‌کند، مانند بهار و تابستان و پاییز و زمستان که طبیعت را دستخوش تغییرات اساسی می‌کند. در بدن انسان نیز فصلهایی وجود دارند که میزان انرژی فیزیکی، احساسات، عواطف و قوه‌ی تفکر و ادراک ما را دستخوش تغییرات عمده‌ای می‌کنند و از بدو تولد، حول محور زمان به‌صورت منحنی سینوسی، سطح انرژیها افزایش و کاهش پیدا می‌کنند. بنا بر نظریه‌ی بیوریتم (زیست‌آهنگ)، حیات انسان را می‌توان به سه چرخه و یا سیکل تقسیم‌بندی کرد. متخصصان بیوریتم اعتقاد دارند که همواره نیمی از هر چرخه در فاز مثبت و نیم دیگر آن در فاز منفی قرار دارد، بدین‌رو ما انسانها گاه به دلیل طبیعتمان، احساس کسالت و ضعف می‌کنیم و گاه احساس سرزندگی وجودمان را فرا می‌گیرد. گاه فراموشکار و حواس‌پرت می‌شویم و گاه دقیق و حواس‌جمع. در این حالات و هیجانهای روزمرّه، هیچ‌کس مقصر نیست و همان‌طور که گفته شد، این حالات به دلیل چرخه‌های زیستی درونی انسان است.

نظریه‌پردازان بیوریتم از جمله متخصصانی هستند که به مطالعه و کندوکاو پیرامون چنین مباحثی علاقه‌مند هستند. بدین‌رو، به خاطر وجود

بیوریتم در سیستم بدن ما است که ما تغییر حالت می‌دهیم. در واقع انرژی فیزیکی، حالات روحی، و وضعیت احساسات ما و نیز توان فکری و قدرت یادگیری و حتی حس ششم ما، همه به شکل دوره‌ای کم و زیاد می‌شوند.

بیوریتم یکی از مهمترین موضوعات در زمینه‌ی ارگونومی ذهنی افراد است، که با بررسی و شناخت از جنبه‌های فکری، جسمی، و روحی مدیران می‌تواند در کاهش این حالات (از قبیل دستپاچگیها، اضطراب، آشفتگی، فراموشکاری، و...) و کاهش اشتباهات ظاهراً بدون دلیل بسیار مؤثر واقع شود و با بیوریتم می‌توانیم به اوج آمادگی روحی و ذهنی دست یابیم و در مقابل، مراقب روزهایی باشیم که از پایین‌ترین سطح آمادگی روحی و ذهنی برخورداریم، چرا که احتمال لغزش و اشتباهات ناگوار در چنین روزهایی بسیار بالاتر است.

نظریه‌ی بیوریتم در اواخر قرن نوزدهم به‌وسیله‌ی فیلیپس و سوبو ابداع شد، که اولی ریتم جسمی و دیگری ریتم روحی را کشف کرد. همانگونه که پیشتر ذکر شد، با توجه به نظریه‌ی بیوریتم، زندگی هر انسان از بدو تولد تا مرگ همانند زنجیره‌ای بی‌انتها از چرخه‌های جسمی، عاطفی، و فکری تشکیل یافته و در دوره‌های مختلف زمانی، مراحل هر سیکل، به حالات مثبت و منفی تبدیل می‌شوند.

در واقع اوضاع جسمانی، هیجانی، و ذهنی ما، تابع سه منحنی سینوسی با دوره‌های زمانی ۲۳، ۲۸، و ۳۲ روزه است و بر این اساس انسانها در طول زندگانی خود روزهایی را پیش رو خواهند داشت که از آن به‌عنوان 'روزهای بحرانی' یاد می‌شود. در واقع سطح انرژی در مواقع بحرانی یک لحظه صفر می‌شود، درست همانند باتری که یک لحظه خالی می‌شود تا مجدداً زیر شارژ قرار گیرد.

اما این سه چرخه (سیکل) کدام است:

۱. سیکل جسمی

۲. سیکل هیجانی و یا عاطفی
۳. سیکل فکری

مجموع این سیکلها در نهایت زیست‌آهنگ یا بیوریتم هر انسان را تشکیل می‌دهد.

گاهی اوقات هر سه سیکل مزبور با هم در یک فاز منفی و یا مثبت قرار می‌گیرند. با این حساب روزهای بحرانی مربوط به مواقعی است که هر سه این چرخه‌ها در فاز منفی باشند، و روزهای طلایی زمانی است که هر سه سیکل در فاز مثبت قرار داشته باشند. گفتنی است که تقویت هوش هیجانی می‌تواند کمک بسزایی در تنظیم این سیکلها و تسلط بر احساسات درونی کند.

آگاهی از زیست‌آهنگ بدن چه فوایدی دارد؟

آگاهی داشتن از وضعیت سطوح انرژی فیزیکی، احساسی و ادراکی می‌تواند در افزایش بهره‌وری فرد کمک کند. به عنوان مثال زمان اوج انرژی فیزیکی مناسب برای کارهای سنگین، مسابقات ورزشی، و اعمال جراحی و... است و نیز برای مدیران و تاجران نیز اتخاذ تصمیمهای مهم در دوره‌ی مثبت تفکر و ادراک نتیجه‌ی بهتری دارد و مهمتر از اینها، دانستن روزهای بحرانی است که فرد باید بیشتر مراقب خود باشد چون امکان اشتباه و خطا برایش وجود دارد و از انجام کارهای حساس و پرخطر بپرهیزد.

در ژاپن و آلمان به خلبانها و رانندگان قطارهای پرسرعت در روزهای بحرانی اجازه‌ی کار نمی‌دهند و حتی در کارهای پرخطر صنعتی به کارگران در روزهای بحرانی مرخصی می‌دهند و این باعث شده که آمار حوادث و تلفات آنها تا حدود ۶۰ درصد کاهش یابد. به هر حال دانش بیوریتم می‌تواند در افزایش بهره‌وری و بازده شخصی به کار گرفته شود.

گفتار دوازدهم

سنجاقکها،
الگوی سازمانهای نوآور

الگوپذیری از زندگی حیوانات، و کاربرد آن در دنیای کسب‌وکار، مدتها است توجه اندیشمندان کسب‌وکار را به خود معطوف کرده است.

"سنجاقکها" به شیوه‌ای خاص زندگی و پرواز می‌کنند. برخی از متفکران بازاریابی و مدیریت نظیر خانم جنیفر آکر، با الهام از این روش زندگی سنجاقکها، کتابی نیز در این باره تدوین و منتشر کرده‌اند.

بدون مطالعه‌ی این کتاب، بر پایه‌ی دانش موجود جانورشناسان می‌توان از سنجاقکها درسهای خوبی آموخت تا در دنیای کسب‌وکار بویژه بازاریابی به کار برد. این آموزه‌ها در ۴ درس به اختصار تشریح شده است.

درس اول: سازمانهای نوآور، برای حفظ بقا و افزایش کارآیی خود، از کوچک شدن نمی‌هراسند

سنجاقکها حشراتی کوچک هستند که قدمتی بیش از ۳۰۰ میلیون سال دارند و در طول این مدت مدید، خود را حفظ کرده‌اند و به حیاتشان تداوم بخشیده‌اند. جالب است بدانید گونه‌های اولیه‌ی این حشرات که امروزه

جثه‌ای ۸ تا ۱۰ سانتیمتری دارند، بالهایی بیش از یک متر داشته‌اند و در طول سالیان دراز، کوچک و کوچکتر شده‌اند.

در دنیای کسب‌وکار نیز وضع به همین منوال است. سازمانهای نوآور خود را از دست نیروهای ناکارآمد کم‌توان خلاص می‌کنند و به جای آنکه در باغچه‌ی خود علف هرز بپرورانند و به تعداد زیاد آنها دلخوش باشند، به پرورش گلهای زیبا در تعداد کمتر اقدام می‌کنند.

مدیران چنین سازمانهایی بر این باورند که نیروهای کم‌توان و ناکارآمد به مثابه گیاهان کم‌بهره و چه بسا علف هرز هستند که اگرچه هزینه‌ی مالی کمتری (از نظر حقوق و دستمزد) برای سازمان دارند، اما ریشه‌ی فعالیت و رشد و نموّ سازمان را که معمولاً به‌وسیله‌ی نیروهای تواناتر انجام می‌شود (گلهای سازمان) می‌خشکانند. بر خلاف مدیران سنتی که گسترش سازمان را در تعداد کارکنان آن می‌بینند، مدیران نوآور گسترش سازمان خود را در هرس برگهای اضافی و قدرت بخشیدن به تنه‌ی اصلی آن می‌بینند.

در سطح جهانی نیز شرکتهایی چون دل کامپیوتر، از این شیوه برای گسترش توان و نفوذ خود استفاده کرده‌اند.

درس دوم: در سازمانهای نوآور، بخشهای مختلف استقلال عمل دارند
سنجاقکها، قدرت پروازی منحصربه‌فرد دارند. در تحقیقی که روی این حشرات انجام شده است مشخص شده که هر سنجاقک دارای ۴ بال مجزا است که هر کدام می‌توانند مستقلاً در جهتی خاص به حرکت درآیند. چنین ویژگی منحصربه‌فردی، این حشره را قادر ساخته است تا حتی در برابر جریانهای باد نسبتاً شدید، بتواند در یک نقطه از هوا ثابت باقی بماند.

سازمانهای نوآور نیز چنین‌اند. مدیران چنین سازمانهایی می‌دانند که بخشهای مختلف چنانچه توانمند و پرقدرت کار خود را انجام دهند، نفع

کلی آن به بدنه‌ی اصلی که همانا سازمان مادر است خواهد رسید. چنین نگرشی دست مدیران میانی را در عمل مستقل بازتر می‌گذارد تا هر یک با بالا بردن توان دپارتمان و بخش مربوط به خود، سازمان را در مواجهه با تلاطمات بازار تواناتر سازد.

درس سوم: سازمانهای نوآور، چابکترند

جالب است بدانید سریعترین حشره‌ی موجود در جهان، نوعی سنجاقک استرالیایی است که در کسری از ثانیه، از فاصله‌ای چندین متری خود را به طعمه می‌رساند و آن را شکار می‌کند.

سازمانهای نوآور نیز سرعت عمل بالایی دارند و نیک می‌دانند که موفقیت در گرو بهره‌مندی درست از لحظه‌ها و ثانیه‌ها است؛ آنها به محض رصد یک فرصت در بازار، سریعتر از رقبا آن را تشخیص می‌دهند و مال خود می‌کنند.

درس چهارم: نوآوران به سرعت خطاها را تشخیص می‌دهند و اصلاح می‌کنند

یکی از ویژگیهای عجیب و جالب توجه سنجاقکها، مهاجرت آنها است. برخی از انواع این حشرات، سالانه بیش از ۲۵۰۰۰ کیلومتر مهاجرت می‌کنند و به طور متوسط روزانه ۱۶۰ کیلومتر را می‌پیمایند. این حشرات از قدرت ردیابی بالایی برخوردارند و در صورت گم کردن مسیر، به سرعت دوباره جهت‌یابی می‌کنند و به مسیر اصلی باز می‌گردند. بازگشت بموقع به مسیر، اهمیت وافری برای سنجاقکها دارد، چرا که چنانچه بموقع نتوانند خود را به مقصد نهایی برسانند، در اثر خستگی و فشار زیاد، جان خود را از دست خواهند داد.

بسیاری از مواقع پیش می‌آید که در مسیر کسب‌وکار، اشکالات و

خطاهای متعددی از بیرون و داخل بروز و ظهور می‌یابند، اما آنچه که اهمیت دارد، نحوه‌ی برخورد سازمانها با این مشکلات و خطاها است و آنهایی که به‌سرعت مشکلات و خطاها را تشخیص می‌دهند و اصلاح می‌کنند، از هدر رفتن انرژی و سرمایه‌ی بیشتری جلوگیری می‌کنند؛ نکته‌ای که به‌جای نابودی سازمان، با بالندگی آن همراه خواهد بود.

گفتار سیزدهم

اقتصاد ارتباط بنیان و ویژگیهای آن

سالها پیش حرفی از واژگانی نه چندان دلچسب چون درصد بیکاری و کمبود اشتغال نبود، چرا که اساساً در آن زمانها شغلی به معنای واقعی کلمه وجود نداشت. پیش از وقوع انقلاب صنعتی، ترک خانه به سمت دفتر کار و یا کارخانه چیزی عجیب و نامأنوس بود، تا آنکه انقلاب صنعتی این مفاهیم را در زندگی افراد وارد کرد. اما هم‌اینک که انقلاب صنعتی نفسهای آخر خود را می‌کشد چطور؟

انقلاب صنعتی حول محور کمیاب بودن محصولات و منابع می‌چرخید و همه چیز تحت‌الشعاع اصل "منابع محدود، نیازهای نامحدود" شکل گرفته بود. اما هم‌اینک شاهد زوال آرام انقلاب صنعتی هستیم و وارد قلمرویی تازه به نام اقتصاد ارتباط (Connection Economy) می‌شویم؛ اصطلاحی که ست گودین به اقتصاد کنونی نسبت داده است. در این اقتصاد می‌توان آینده را رصد کرد. اقتصاد ارتباط برخلاف اقتصاد کلاسیک مبتنی بر اصل "فراوانی" است و نه "کمیابی". البته فراوانی به معنای دسترسی به منابع نامحدود و امکان دادوستد بی‌قیدوشرط این منابع نیست. از سوی دیگر

مقصود از فراوانی، فراوانی زمان نیز نیست، چرا که وقت همواره و در همه جا گوهری نایاب است. اما در عوض انسان مدرن به عقیده‌ی ست گودین با پدیده‌ی "فراوانی انتخاب"، "فراوانی ارتباط"، و "فراوانی دسترسی به دانش" روبه‌رو است.

اقتصاد ارتباط بنیان چیست و چه ویژگیهایی دارد؟

امروزه به لطف فناوریهای ارتباط محور، افراد بسیاری را می‌شناسیم، به منابع بیشتری دسترسی داریم، و می‌توانیم با سرعت و کیفیتی بهتر بیشترین بازده را از مهارتهایمان ببریم. اهمیت اقتصاد ارتباط در آن است که افراد با استعداد و مشتاق می‌توانند با بهره‌گیری از بهره‌وری و هوش جمعی شبکه‌ی ارتباطاتشان، در نهایت اثربخشی خود را بیشتر کنند.

اقتصاد ارتباط محور یک هم‌افزایی مثبت است که میزان اثربخشی‌ها را ارتقا می‌دهد. در این اقتصاد، ۲ به علاوه ۲ برابر است با پنج و بلکه بیشتر. در اقتصاد ارتباط‌بنیان شغل و کار شما را انتخاب نمی‌کنند بلکه، این اقتصاد فرصت‌ساز بوده و با فراهم ساختن بسترهای لازم برای برقراری ارتباطات و با گسترش گزینه‌ها موجب می‌شود تا افراد خود بتوانند با بهره‌گیری از فرصتهای موجود، شغلی برای خویش انتخاب و یا تعریف کنند.

همانگونه که برای مثال شبکه‌ی تلفن همراه زمانی ارزشمند می‌شود که تعداد بیشتری آنتن فرستنده و گیرنده به آن متصل شود (به یاد داشته باشیم که کمیابی و کمبود، دشمن درجه‌ی یک ارزش‌افزایی در یک شبکه به شمار می‌روند)، ارزشمندی اقتصاد ارتباط نیز به گسترش شبکه‌گونه‌ی آن بستگی دارد.

در گذشته گفته می‌شد که پول، پول می‌آورد. این جمله درست است ولی صحیحتر آن است که بگوییم دوست، دوست می‌آورد. و یا برای مثال، دسترسی به اطلاعات ما را تشویق می‌کند تا باز به اطلاعات بیشتری دست

یابیم.

۶ برگ برنده‌ی کسب‌وکارها در اقتصاد ارتباط

به باور ست گودین که در زمره‌ی بزرگترین اندیشمندان معاصر بازاریابی قرار دارد، امروزه سازمانهای موفق به این تشخیص رسیده‌اند که کار آنها دیگر ساخت شعارهای فریبنده، تبلیغات پرزرق‌وبرق، و یا حتی بهینه‌سازی زنجیره‌ی تأمین برای کاهش هزینه‌ها نیست. حتی کیفیت مناسب در برابر قیمت منصفانه نیز نمی‌تواند موفقیتی پایدار را برای کسب‌وکار تضمین کند. اما ست گودین اعتقاد دارد که در شرایط حال حاضر کسب‌وکارها، ۶ مورد از بیشترین اهمیت برخوردار است:

- اعتماد
- اجازه؛ بازاریابی اجازه‌ای
- چشمگیر بودن و جالب توجه بودن
- رهبری سازمانی
- روایتگری، داستانهایی که به‌سرعت پخش می‌شوند
- انسانیت: ارتباطات، شفقت، و فروتنی

اعتماد و اجازه

در حال حاضر مرزهای بازار شکسته شده و هر کسی می‌تواند وارد این آشفته‌بازار شود. در چنین هیاهویی، مخاطبان تنها صدای کسانی را می‌شنوند که دوست دارند و می‌خواهند که صدای آنها را بشنوند. بدین‌رو مادامی که مصرف‌کننده اجازه‌ی شنیده‌شدن را به ما ندهد، صدای ما (به‌عنوان یک برند) به جایی نخواهد رسید.

و اما صدای چه کسانی در چنین آشفته‌بازاری رساتر است؟ پاسخ به این سؤال روشن است. ما علاقه‌مندیم تا صدای کسانی را بشنویم که به

ایشان اعتماد داریم.

انسان مدرن تمایل دارد تا با دوستان خود معامله کند. مخاطبان به حرف کسانی گوش می‌دهند که واقعاً حرفی برای گفتن داشته باشند. اعتماد و اجازه، دو بُعد انسانی هستند و ضرورت انسانی‌سازی کسب‌وکارها را مطرح می‌سازند. در شرایطی که همه‌چیز رو به ماشینی شدن گذاشته، صدای انسان‌ها دلنشین‌تر و رساتر است.

به برند خود بعدی انسانی و معنوی ببخشید و همواره حرفی متفاوت برای گفتن داشته باشید تا شنیده شوید. بدیهیات، یا داستان‌های کسالت‌بار و الگوبرداری‌های ناشیانه در کسب‌وکار، موجب سلب اعتماد مصرف‌کنندگان می‌شود و صدای برند شما را به گوش آن‌ها نمی‌رساند.

چشمگیر بودن

چه کسی درباره‌ی محصولات و برندهای تکراری و کسالت‌بار صحبت می‌کند؟ برندهایی که قابل پیش‌بینی هستند و هیچ هیجانی در خود ندارند. مطمئناً هیچ‌کس ریسک صحبت درباره‌ی چیزهای بدیهی و پیش‌پاافتاده و کهنه را به جان نمی‌خرد.

منظور از چشمگیر بودن این است که همواره تازه و بکر باشیم، و مخاطرات را به قیمت جلب توجه مخاطبان بپذیریم. مانند ماهی‌های آزاد خلاف جهت آب شنا کنید.

رهبری کسب‌وکار

یک رهبر سازمانی می‌تواند مدیر باشد، اما هر مدیری الزاماً قادر نیست تا کسب‌وکار را رهبری کند. مدیریت از نظر ست گودین به معنای بازتولید نتایج دیروز است، اما با سرعتی بیشتر و هزینه‌ای کمتر. در مقابل رهبری بیشتر مهارتی ذاتی و نبوغی درونی است.

رهبری سازمانی فرایند نفوذ در قلب کارکنان سازمان و انگیزش آنها در جهت همکاریهای فی‌مابین در راستای تحقق هدفها و چشم‌اندازهای جمعی است. رهبری سازمانی را می‌توان هنر نفوذ در دل و جان دیگران دانست، به گونه‌ای که پیروان نه از سر اجبار بلکه، با اشتیاق و میل خود از رهبر گروه اطاعت می‌کنند. مدیریت یک رونوشت از مبانی سازمانی است ولی رهبری یک اصل موفقیت در سازمانهای مدرن است. رهبران تخم اعتماد در سازمان می‌کارند، حال آنکه مدیران وظیفه‌ی نظارت و کنترل را بر عهده دارند. از سویی رهبران همواره با وضع موجود در ستیز هستند و آن را نمی‌پذیرند و چشم به افقهای روشنتر دارند.

روایتگویی

داستانها دیگر سرمایه‌ی ارزنده در اقتصاد ارتباط‌بنیان هستند، روایتهایی که به قدری جذابند که‌ ناخواسته در شبکه‌ی ارتباطات ما منتشر می‌شوند و حتی گاه به بیرون از آن نیز درز می‌کنند.

در گذشته قدرت انتخاب محدود بود و مصرف‌کنندگان ناگزیر بودند تا هر آنچه را در قفسه‌ها در دسترس است، انتخاب کنند؛ اما اقتصاد ارتباط‌بنیان موجب گسترش انفجارگونه‌ی حق انتخابها شد، بدین‌رو، آنچه در این بازار گوهری نایاب است، اعتماد و جلب توجه مخاطبان است. یک داستان قدرتمند و واقعی از یک برند می‌تواند معادلات را در هم بریزد و صدای برند ما را رساتر کند و شخصیتی قابل اعتمادتر به برند ما ببخشد. برند یک لوگو و یک نام و نشان نیست بلکه، روایتی است احساسی از وقایع گذشته و نویدی برای آینده‌ی مصرف‌کنندگان.

انسانیت

ست گودین جمله‌ای دارد که می‌توان آن را مترادف با این بیت از مولانا

گرفت :

هر کسی کو دور ماند از اصل خویش   باز جوید روزگار وصل خویش

انسانها به مرور از فناوری اشباع می‌شوند و به دنبال اصالت انسانی و ارتباطات اجتماعی می‌روند. انسانها امروز بیش از تخفیف و وعده‌های واهی، به مشتری‌نوازی و انسانیت از جانب فروشندگان نیازمندند.

در عصر فراوانی، انسانها مسئولیت‌پذیرتر می‌شوند و به جای انتظار برای کسب تکلیف از سیستم بروکراسی، خود انتخاب می‌کنند که چه کار مهمی را دست بگیرند و به سرانجام رسانند. بدین‌رو، در چنین شرایطی هیچ‌کس بیکار نخواهد بود.

گفتار چهاردهم

شادکامی سازمانی و اقتصاد شادکامی

برخیز و مخور غم جهان گذران　　　بنشین و دمی به شادمانی گذران

"خیام"

در دنیا روزی جهانی به نام روز شادکامی وجود دارد که سال ۲۰۱۲ میلادی در پی جلسه‌ای به همت سازمان ملل متحد، متشکل از سران برخی کشورها و سیاسیون، اقتصاددانان، اساتید دانشگاهی، و رهبران معنوی و رهبران کسب‌وکار از سراسر دنیا به تصویب رسیده است. این مجمع در کشور پادشاهی بوتان برگزار شد؛ کشوری کوچک اما زیبا و چشم‌نواز در دامنه‌های کوهستان سر به فلک کشیده‌ی هیمالیا. شاید جالب باشد که بدانیم این کشور برای نمایش میزان پیشرفت خود به جای استفاده از شاخصهایی مثل تولید ناخالص داخلی (GDP) و یا میزان درآمد ملی و اشتغال سراسری، از شاخصی قابل توجه و نامعمول به نام شاخص شادکامی ملی (GNH) بهره می‌برد.

بوتان کشوری توریستی است که صنعت گردشگری را به عنوان راهی میان‌بُر برای توسعه‌ی شاخص شادی و تولید ثروت برگزیده است. در

اقتصاد شادکامی (Happynomics) برخلاف تفاسیر رایج و سنتی از اقتصاد که تنها ثروت را کلید رشد و بالندگی ملل برمی‌شمارند، شاخص شادی به‌عنوان مسیری کوتاه برای دستیابی به ثروت ملی و بهره‌وری فرض می‌شود. گفتنی است که طبق تحقیقات صورت گرفته در سالهای اخیر، در کشور بوتان که بیش از نیمی از مردم آن از راه جنگل‌نشینی و توریسم ارتزاق می‌کنند، تنها درصد انگشت‌شماری وجود دارند که از نعمت شادی تا حدودی بی‌بهره‌اند و این کشور از لحاظ شاخص شادکامی در رتبه‌ی بالایی قرار دارد، حال آنکه در مقابل کشورهای به اصطلاح ابرقدرت در میانه‌های جدول شادکامی ملی جای دارند و این زنگ بیدار باشی برای اقتصاد آنها به شمار می‌رود.

مسئولان کشور بوتان شاخص شادکامی ملی را به‌عنوان پلی بین ارزشهای بنیادینی چون مهربانی، عدالت و انسانیت و نیز پیشرفت اقتصادی تعریف می‌کنند. بدین‌رو، آنها بهره‌وری اقتصادی و تندرستی روانی و بدنی را درهم می‌آمیزند تا شاخصی نوین برای اندازه‌گیری میزان پیشرفت خود ارائه دهند، مبحثی که به‌تازگی مورد علاقه‌ی اهالی تجارت نیز قرار گرفته است. اقتصاد شادکامی در دستور کار حاکمیتها قرار گرفته و کمپینهای انتخاباتی بر طبل حمایت از آن می‌کوبند. پدیده‌ای که تصمیم‌گیریهای سیاسی را نیز بشدت متأثر ساخته و موجب بازتوزیع ثروت از طبقات بالای جامعه به طبقات پایین می‌شود.

از سویی نتایج پژوهشهایی که در هاروارد منتشر شده است، حاکی از آن است که کارمندان شاد، اکسیر حیاتبخش سازمانها هستند و با جاری ساختن شادی بهره‌ور در کالبد سازمان، جانی تازه به محیط کاری می‌بخشند و از سویی بهره‌وری اقتصادی را نیز ارتقا می‌دهند.

نتایج تحقیقات حکایت از آن دارد که کارکنان شاد از سلامت بیشتری برخوردارند، خلاقترند، نتایج بهتری به بار می‌آورند، تصمیمات بهتری

می‌گیرند، تندآموزتر هستند، خوشبین‌تر هستند و کمتر مرتکب اشتباه می‌شوند، موجب وفادار شدن مشتریان سازمان می‌شوند، کمتر از کار غیبت می‌کنند، کار تیمی را بهبود می‌دهند، تعهد بالاتری دارند، رقابت‌پذیرترند، بیشتر پذیرای تغییرات هستند و بالاخره اراده‌ی مستحکمتری برای ادامه‌ی مسیر و پیشرفت دارند. به علاوه آنکه شادکامی آنها مسری است و موجب سهیم شدن دیگر کارمندان نیز می‌شود و بهره‌وری کلی سازمان را بهبود می‌بخشد. بدین‌رو ارتباط شادکامی و بهره‌وری، پیوندی ناگسستنی است.

حال سؤالی که ممکن است مطرح شود این است که با وجود این، رهبران سازمانی چگونه می‌توانند سازمانهای شاد (Happy Organization) بسازند؟

شاید نخستین قدم در این راه، شفاف‌سازی مفهوم واژه‌ی "شادکامی" باشد. روانشناسان عموماً به سه طریق متفاوت می‌توانند شادکامی را تشخیص دهند؛ روش اول، برخورداری از یک زندگی خوشایند و مطبوع است، که موجب خلق تجارب مثبت از قبیل رضایتمندی و امید می‌شود.

از این نوع شادکامی اغلب با عنوان سرخوشی (hedonia) یاد می‌شود، که از واژه‌ای یونانی به معنای لذت و شعف برگرفته شده است.

مورد دوم زندگی سعادتمند است، که ارسطو از آن با واژه‌ی اودایمونیا (eudaimonia) یاد می‌کند. در نظر ارسطو شادکامی در نیک بودن، نیکی کردن و زندگی در سایه‌ی نیک‌کرداری است. دایمون در اعتقاد یونانیان باستان الهه‌ی محافظ است که شما را به سوی سرنوشت خویش هدایت می‌کند؛ این کلمه همچنین به معنای نبوغ و خلوص است. بنابراین زندگی سعادتمند در این تعریف به توانایی و قابلیت فرد در به‌کارگیری نبوغ و درونداشتهای خویش بازمی‌گردد و به معنای بهره‌گیری از نقاط قوت و استعدادها در مسیری است که او را به تعالی می‌رساند.

مسیر سوم شادکامی از طریق یک زندگی معنادار حاصل می‌شود، که

به معنای گرایش به بودن به‌عنوان جزئی از کل اشاره دارد - تعلق و تعهد به نهادی والاتر از خود و دارای هدف (مثل تعلق به مقام حق).

تمامی این سه مسیر برای دست یافتن به شادکامی - یعنی سرخوشی و لذت، سعادتمندی و تعهد، و معناداری - به یک اندازه اهمیت دارند، و رهبران کسب‌وکار می توانند با استفاده از این دانش تعدادی سؤال را در خصوص سازمان خود مطرح کنند تا به درجه‌ی شادکامی سازمانشان دست یابند:

- آیا کارکنانم از روابط کاری و محیط کاری خود لذت می‌برند؟
- آیا کارکنان سازمان ما در هر شرایطی متبسم و لبخند به لب هستند؟
- آیا آنها در جایگاه درست و متناسب قرار دارند - سِمتی که با مجموعه مهارتهای آنها همخوانی داشته باشد و چالشهایی مناسب را برای آنها پدید آورد؟
- آیا آنها قادرند تا از نبوغ و درونداشتهای خویش بهره ببرند؟
- آیا آنها آرمان و هدف سازمان را درک می‌کنند و این آرمان برای آنها معنادار است؟
- آیا آنها این احساس را دارند که جزو سازمانی هستند که دارای اهمیت است؟

تلاش در جهت یافتن پاسخ به این سؤالات و همچنین رفع موانع بر سر راه سازمانهای شاد می‌تواند به ایجاد محیطی شاد در سازمان بینجامد و در نتیجه بهره‌وری سازمانی را افزایش دهد. پلستر، شادکامیِ سازمانی را به عنوان مجموعه‌ای از اقدامات و فعالیتهای رسمی و یا غیررسمی و خودجوش سرگرم‌کننده و خوشایند تعریف می‌کند که موجب بانشاط شدن جوّ سازمان می‌شود. به طور خلاصه، سازمانهای شاد محیطی هستند که موجب می‌شوند افراد لبخند به لب داشته و به بهره‌وری دست یابند. سازمانها بخش جدایی‌ناپذیر زندگی مدرن بشر به شمار می‌روند و انسان

سازمانی نیازمند وجود شرایطی مساعد برای تعالی است که شادکامی سازمانی را می‌توان هموارترین مسیر برای دستیابی به تعالی سازمانی و شخصی دانست.

ایجاد محیط کار تیمی، مدیریت مناسب، سیستم پاداش و تشویق بهینه، حقوق و مزایای رقابتی، ارزشمند شمردن کار، برقراری توازن میان زندگی شخصی و کاری، تنوع‌بخشی و تفویض اختیار، تناسب شغل با مهارتهای فرد، غنابخشی و توسعه‌ی شغلی کارکنان، از جمله تکنیکهای ایجاد سازمانهای شاد است.

از چند سال قبل واژه‌ای تحت عنوان "شادی بهره‌ور" را به کار بردم. متأسفانه چون قسمت عمده‌ی اقتصاد کشور عزیزمان ایران اقتصاد دولتی است و دولتها هم برای افزایش شادی از ابزارهایی نظیر تعطیلی استفاده می‌کنند که با روح کار و تولید و توسعه‌یافتگی در تضاد است، از این واژه‌ی پرمعنا استفاده کردم. شادی بهره‌ور یعنی دستیابی به راهکارهایی در محیط کار که بتوانیم ضمن شاد بودن، بهره‌وری بالاتری داشته باشیم و خوشی‌هایمان با دستاوردهای کسب‌وکار همراه باشد.

به امید روزی که مردم از تعطیلات بیش از حد خسته شوند و درآمدشان با کارشان پیوند مستقیم داشته باشد و همگی با هم توسعه‌یافتگی را در بالندگی اقتصادی کشورمان بدانیم.

گفتار پانزدهم

چابکی؛ چاشنی موفقیت سازمانها

به باور متخصصان هاروارد مدیران خردگرا و عقلایی در طول سی سال گذشته بشدت روی موضوعاتی مثل بهره‌وری، کاهش هزینه‌ها، و عملکرد در چارچوبها و قواعد متمرکز شده‌اند. با این حال امروزه با تغییرات به وجود آمده، بهره‌وری به نسبت مباحثی نظیر چالاکی و نوآوری در درجه‌ی دوم اهمیت جای گرفته است.

با آغاز قرن بیست‌ویکم سازمانها تغییرات اساسی و شدیدی را پیرامون خود تجربه کرده‌اند. این تغییرات، سازمانها را به سمت چالشهای نوینی هدایت می‌کند که عدم توجه به آنها بقا و موفقیت سازمانهای تولیدی را به‌طور فزاینده‌ای تهدید می‌کند. این موقعیت حیاتی منجر به آن شده است که بسیاری از سازمانها در اولویتهای کسب‌وکار و دیدگاههای استراتژیک خود تجدید نظر کنند و تأکیدات خود را بر سازگاری با تغییرات محیط کسب‌وکار و پاسخ سریع به نیازهای بازار و مشتری از طریق روشهای نوین همکاری قرار دهند.

سازمانها برای پاسخ به این چالشهای کسب‌وکار، رویکرد نوینی به نام

چابکی (Agility) را برگزیده‌اند. تولید چابک را توانایی بقا و پیشرفت در یک محیط بسیار رقابتی با تغییرات مستمر و غیرقابل پیش‌بینی، به‌وسیله‌ی واکنش سریع و مؤثر نسبت به تغییرات و همچنین ایجاد محصولات و خدمات بر اساس خواست مشتری تعریف کرده‌اند.

مفهوم چابکی را محققان بنیاد یاکوکا (۱۹۹۱) معرفی کرده‌اند، و پس از اولین معرفی، به‌وسیله‌ی محققان و جوامع صنعتی مورد توجه روزافزون قرار گرفت. تا به حال تلاش‌های زیادی در مورد این موضوع، در تلاش برای فراهم کردن تعریف چابکی، صورت گرفته است.

تعاریف رایج پذیرفته شده، چابکی را به توانایی سازمان‌ها برای پاسخ سریع و مؤثر به تغییرات در تقاضای بازار، با هدف یافتن نیازمندی‌های مشتری، برحسب قیمت، خصوصیات، کیفیت، کمیّت، و تحویل، مربوط کرده است. بنگاه‌های چابک به بازارهای متغیر با سرعت و به‌طور مؤثر واکنش نشان می‌دهند. علاوه بر این، چابکی قابلیت‌های سازمان را برای تولید و تحویل محصولات جدید با هزینه‌ی بهره‌ور، تحت تأثیر قرار می‌دهد. کاهش هزینه‌های تولید، افزایش رضایت مشتری، از بین بردن فعالیت‌های فاقد ارزش افزوده، و افزایش رقابت، از جمله مزایایی است که می‌تواند از طریق استراتژی چابکی به دست بیاید.

همان‌گونه که گزارش‌های داخلی سازمان‌هایی مثل وال‌مارت نشان می‌دهد، این شرکت‌ها با پیاده‌سازی برنامه‌های ریاضتی و کاهش هزینه‌ها از قبیل تعدیل نیرو، در ارائه‌ی خدمات به مشتریان خود دچار بحران شده‌اند و از رسالت اصلی خود (ارائه‌ی خدمات مشتری‌پسند) فاصله گرفته‌اند. اما در مقایسه، شرکت‌های خلاقیت‌بنیانی مثل گوگل از چنین موضوعاتی صرف‌نظر و راهکارهای ابتکاری نظیر پروژه‌های «۲۰ درصد از زمان» را اجرایی کرده‌اند. در این پروژه، کارکنان می‌توانند تا ۲۰ درصد از زمان روزانه‌ی خود را صرف انجام امور دلخواه کنند، جالب آنکه بسیاری از خدمات

نوآورانه‌ی گوگل در همین ۲۰ درصد زمانی شکل گرفته‌اند.

به عقیده‌ی کارشناسان دانشکده‌ی کسب‌وکار هاروارد نیاز است که سازمانها دو سیستم موازی مدیریتی را ایجاد و پیاده‌سازی کنند:

یکی سیستم عملیاتی که از آن با عنوان "سیستم سطحی" یاد می‌شود و منظور از آن انجام عملیات روزمره‌ی سازمانها است و دیگری سیستمی که وظیفه‌ی آن دریافت و هدایت تغییرات راهبردی است که به آن "سیستم عمقی" گفته می‌شود.

در محیط آشوبناک و بشدت متغیر کنونی، احساس هوشمندانه و انجام واکنش مناسب در مقابل تغییرات بازار، امری حیاتی است. همان‌طور که بیان کردم، یکی از مهمترین عوامل بقا و پیشرفت شرکتها در محیط پویای امروزی، چابکی آنها است.

برای مثال شرکت آی‌بی‌ام در سال ۲۰۰۱، یک سازمان دائم با عنوان سازمان تحول را ایجاد کرد که وظیفه‌ی آن پیش‌بینی و واکنش توأم با چالاکی در مقابل تغییرات بعضاً پیش‌بینی‌ناپذیر در بازارها بود. هدف از تشکیل چنین سازمانی، افزودن بر چالاکی سازمانی آی‌بی‌ام و افزایش تواناییهای آن در پیش‌بینی و حتی تجویز راه‌حل در مقابل تغییرات بازار بود. سازمان تحول آی‌بی‌ام بر مبنای سه رسالت و عملکرد تشکیل یافته است:

۱- راهبری فرایند (مدیریت فرایند)

در شرکت آی‌بی‌ام سِمتی جالب توجه وجود دارد با عنوان فرایندداران (Process Owners). فرایندداران افرادی متخصص، مجرب و مورد وثوق هستند که وظیفه‌ی آنها هدایت تغییر و حذف زوائد و اتلاف از فرایند مربوطه است.

آی‌بی‌ام در حدود ۱۵ فرایند سازمانی در حوزه‌های فروش، بازاریابی،

توسعه‌ی نرم‌افزار، تأمین، منابع انسانی، مالی، خدمات صف، و... دارا است.

فرایندداران به‌وسیله‌ی یک تیم مشاوره درخصوص خدمات به مشتری و یک تیم مرکزی آموزش‌دیده در زمینه‌ی فرایندهای کسب‌وکاری پشتیبانی می‌شوند. این افراد نه تنها روی اجرای روزانه‌ی فرایند بلکه، بر طرح، سازوکار، و ارتقا و بهینه‌سازی آن در بلندمدت تمرکز دارند.

۲- گردآوری و تحلیل هوشمند اطلاعات (مدیریت هوشمندی)

هوشمندی رقابتی عبارت است از نظارت هدفمند بر محیط رقابتی که سازمانها در آن به فعالیت و رقابت می‌پردازند، با هدف اخذ تصمیمات راهبردی. در خلال سالهای اخیر، هوشمندی رقابتی به یکی از مفاهیم مهم مدیریت تبدیل شده و با فرهنگ شرکتهای پیشرو عجین شده است. افزایش هوشمندی رقابتی موجب می‌شود سازمانها اطلاعات محیط اطراف خود را سریع‌تر و با دقت بیشتری تجزیه‌وتحلیل کنند و نتایج حاصل را به طریق سودمند ذخیره، و در مواقع مقتضی در دسترس تصمیم‌گیرندگان قرار دهند.

برای مثال، متخصصان فرایند در آی‌بی‌ام همواره درصدد یافتن روشهایی برای ارتقای تجربه‌ی مشتریان خود هستند؛ آنها به هنگام مهندسی مجدد فرایندها بویژه فرایندهای ارائه‌ی خدمات، سازوکارهایی را برای اندازه‌گیری و پایش این عملکردها تعریف می‌کنند و فرایندهای خود را به گونه‌ای هوشمند مدیریت می‌کنند. اطلاعات روزآمد و بازخوردهای به دست آمده سپس به منظور بهینه‌سازی فرایند ارائه‌ی خدمات مورد استفاده قرار می‌گیرد.

۳- مدیریت تغییر

ما انسانها در محیطی زندگی می‌کنیم که همه چیز آن به طور دائم در حال تغییر و نو شدن است و هیچ چیز ثابتی در آن وجود ندارد. امروزه تغییر

مهمترین عامل مؤثر در مدیریت کسب‌وکار موفق محسوب می‌شود. سازمانها و افراد شاغل در آنها باید نگرش مثبتی نسبت به مسأله‌ی تغییر داشته باشند تا از این طریق توان رقابتی خود در بازارهای تهاجمی امروزی را حفظ کنند. عدم توجه به یک روند در حال تغییر ممکن است بسیار پرهزینه باشد. تغییر، کاری رنج‌آفرین و همراه با ریسک و از همه بالاتر نیازمند تلاش زیاد و سخت است. در یک دوره‌ی سریع تغییر بنیادین، فقط سازمانهایی نجات خواهند یافت که رهبران، مدیران، و سازمان آنان به یک رهبر تغییر تبدیل شوند.

مدیریت تغییر در آی‌بی‌ام نه از سطوح بالا بلکه، از کف آغاز می‌شود. رهبران سازمان همواره کارکنان را در مورد ضرورت تغییر توجیه می‌کنند و آموزش می‌دهند. آنها از طریق تشریک مساعی مفهوم زمخت "فرهنگ تغییر" را به مفهومی همه‌پسند تبدیل کرده‌اند.

حیات بلندمدت سازمانهایی که تمرکز خود را تنها معطوف به سیستمهای سطحی می‌کنند - هر چند که این سیستمها بخوبی وظایف خود را انجام دهند - بشدت در مخاطره است. نباید از یاد برد که هیچ شرکتی در مقابل بحران به‌صورت کامل واکسینه نیست. در عین حال نفوذ به لایه‌های زیرین سازمان و پایش فرایندها و یافتن پاسخ درست به نیازهای ژرف و تأمین‌نشده‌ی مشتریان، عامل بقای سازمانهای آتی است.

در حال حاضر بنگاههای اقتصادی ایران با مسائلی روبه‌رو هستند که از محیط کلان سرچشمه می‌گیرد. مسأله‌ی بحران اقتصادی جهان، تحریم اقتصادی ایران، ناهماهنگی بین سیاستهای اقتصادی در موارد مکرر، همگی ضرورت آینده‌پژوهی و چابکی برای اقدامات سریع‌وصحیح در سطح بنگاههای اقتصادی را بیشتر می‌کند. امروز دیگر زمان برنامه‌ریزیهای بلندمدت نیست. ما در حال حاضر بیشتر از برنامه‌ریزی استراتژیک به مدیران استراتژیست نیاز داریم که سریع ببینند، سریع بشنوند، سریع درک

کنند، سریع تصمیم بگیرند، سریع عمل کنند و چون مدیران متولیان فرهنگ سازمان هستند، چابک بودن مدیران زمینه‌ساز چابکی سازمانها خواهد بود.

ضرورت سازمانهای چابک در حال حاضر و سالهای آینده بیش از هر زمان دیگری معنا و مفهوم یافته است؛ بیایید با هم تلاش کنیم.

گفتار شانزدهم

سازمانهای سیال،
پدیده‌ی جدید دنیای مدیریت

هراکلیوس، فیلسوف یونانی می‌گوید: هرگز نمی‌توان از یک رودخانه‌ی واحد دو بار عبور کرد، زیرا آب رودخانه به‌طور مستمر در حال تغییر و تحول است.

سازمانهای سیال و یا اصطلاحاً سازمانهای بدون مرز، امروزه در کانون توجه محافل مدیریتی و بازاری قرار گرفته‌اند. این قبیل سازمانها حد و مرزی برای پیشرفت نمی‌شناسند و به همین دلیل همواره سرآمد هستند. سازمانهای سیال برای دستیابی به موفقیت، در چارچوبهای سنتی تردید می‌کنند، و با بازتعریف این چارچوبها، به انعطاف دست می‌یابند.

انعطاف‌پذیری سازمانهای بدون مرز عاملی اساسی در بقا و پیشرفت آنها در عصر رقابتی و متلاطم کنونی است. ویژگیهای کنونی حاکم بر سازمانها، آنها را بر آن می‌دارد تا از ساختارهای انعطاف‌ناپذیر به ساختارهای نفوذپذیر روی بیاورند. چنین تغییری در خط فکری سازمانها است که نظریه‌ی سازمانهای بدون مرز را مطرح ساخت. الگوی حاکم بر این قبیل سازمانها، جابه‌جایی آزاد میان مرزها، وظایف، فرایندها، و مکانها

است.

از بدو تأسیس سازمانها، به عنوان بزرگترین اختراع بشر، عوامل زیر به عنوان عناصر موفقیت سازمانها در نظر گرفته می‌شد:

- **اندازه‌ی بزرگ**
- **مشخص بودن وظایف و تعریف شده بودن نقشها**
- **کنترل و پایش برای حصول اطمینان از انجام دقیق نقشها**

امروزه با پیشرفتهای صورت گرفته، این عوامل تنها مانعی بر سر راه پیشرفت هستند و عوامل موفقیت به عناصری نظیر چالاکی و چابکی سازمانی، انعطاف‌پذیری در مسئولیتها، پرهیز از دیکته کردن شرح وظایف، نوآوری و تشویق خلاقیت، و انسجام و ارتباط تنگاتنگ میان اعضای سازمان بستگی دارد. هر چند گفته می‌شود، وجود مرزها موجب متمرکز شدن کارها شده و سازمان را از آشفتگی و نابسامانی می‌رهاند و تقسیم و تفکیک وظایف موجب ایجاد مهارت می‌شود و شاکله‌ی وجودی سازمان بسته به وجود این مرزها است، با وجود این، هدف از ایجاد سازمانهای سیال هر چه منعطف‌تر ساختن و نفوذپذیرتر کردن مرزهای سازمان است.

در واقع در این دیدگاه سازمان موجودی زنده فرض می‌شود که واحدهای مختلف آن درست مانند سلولهای جانداران در حال تکاپو، تکامل، و جایگزینی هستند. بدین ترتیب جریان اطلاعات، ایده‌ها و منابع در چنین سازمانهایی روان خواهد شد، و سازمان به یک هم‌افزایی پویا دست خواهد یافت.

رهبران سازمانهای سیال موظفند تا مرزهای عمودی (مرزهایی که لایه‌ی مدیریت را از کارکنان جدا می‌کند)، مرزهای افقی (جدا شدن واحدها و دپارتمانهای درون یک شرکت)، مرزهای بیرونی (مرز میان سازمان و دیگر اعضای زنجیره‌ی ارزش از جمله مشتریان)، و مرزهای جغرافیایی را شفاف و نفوذپذیر کنند. پیاده‌سازی راهبردهای رهبری بدون مرز در سازمان،

بهره‌گیری از فناوریها، افزایش رقابت‌پذیری سازمان، و تفویض اختیار، از جمله مواردی است که می‌تواند به ایجاد سازمانهای سیال بینجامد.

اگر سازمان بخواهد توصیفی درست و آزموده از ماهیت خود داشته باشد، باید بداند که چنین کاری منوط به فهم خویش و همچنین رابطه‌ی خویش با دنیای گسترده‌ی بیرون است. سازمانها معمولاً خود را به مثابه موجودیتهایی مجزا می‌پندارند و معمولاً با مشکل بقا و ادامه‌ی حیات در مقابله با تحریکات دنیای بیرون مواجهند.

نکته‌ی مهم این است که ابتدا باید بینش و فرهنگ سازمان سیال را در بین تمامی کارکنان به وجود آورد و سپس دست به این اقدام زد. چه بسا عدم درک صحیح از این نوع سازمان، سبب گسیختگی و سوءبرداشت و رفتارهای نامناسب در سازمان شود.

باز هم یادآور می‌شوم وظیفه‌ی اساسی بر عهده‌ی مدیران ارشد است که متولیان فرهنگ سازمان هستند.

گفتار هفدهم

در جستجوی انعطاف در سازمان

هیچ چیز در این دنیا به نرمی و انعطاف‌پذیری آب نیست. با این همه برای حل کردن آنچه سخت است، چیز دیگری یارای مقابله با آب را ندارد. آب دل سنگ سخت را می‌شکافد و از میان صخره‌ها و صحراها عبور می‌کند تا به هدف خود دست یابد.

قابلیت انعطاف موجب می‌شود تا نظراتی تازه بیابیم؛ اندیشه‌ی نرم به ما قدرت بقا می‌دهد و ما را به نتایجی بدیع می‌رساند. اغلب ما، کار و سازمان و زندگی خود را حول محور امروز می‌سازیم، آن هم با این فرض که فردا چیزی است شبیه به امروز. از این رو انعطاف‌پذیری، به معنای توانایی در تغییر راهبرد و واکنش در مقابل تغییر، همواره در انتهای فهرست نیازمندیهای کسب‌وکارها جای داشته است.

با این همه دنیا دیوانه‌وار تغییر می‌کند و هر لحظه بر جنون آن افزوده می‌شود. اقتصاد صنعتی رو به محو شدن می‌گذارد و دیگر خبری از ساختارهای مدون و برنامه‌ریزیهای دقیق نیست؛ چرا که این ابزارها عملاً کارآیی خود را از دست داده‌اند. بازارهای مالی به ناچار بی‌ثبات شده‌اند.

حتی کره‌ی زمین و محیط زیست ما هر لحظه دگرگون می‌شود و پدیده‌هایی نظیر گرمایش زمین و بلایای طبیعی، در گوشه گوشه‌ی دنیا دائماً شاخصهای اقتصادی را بالا و پایین می‌کنند. برای مثال، کافی است تا در ژاپن زلزله‌ای بیاید و بازارهای بورس در آن سوی خاور دور به لرزه بیفتند.

بنابراین آنچه که امروز به نیازی حیاتی تبدیل شده، بهره‌مندی از قدرت انعطاف‌پذیری است. نیرویی که به ما در بقا و پیشرفت در مواجهه با تغییرات روزافزون یاری می‌رساند.

کسب‌وکارهای خشک، اصطلاحی که بزرگان بازاریابی برای بنگاههای فاقد انعطاف‌پذیری به کار می‌برند، رفته‌رفته بیشتر به لبه‌ی پرتگاه نزدیک می‌شوند. برای مثال یک بیمارستان در گوشه‌ای از جهان برای ماهها تعطیل می‌شود آن هم به این دلیل که فاقد انعطاف‌پذیری لازم بوده و طراحان و سازندگان آن نتوانسته‌اند ساختار بیمارستان را متناسب با شرایط طبیعی و مقاوم در برابر بلایا بسازند.

چاره آن است که چیزی درخور امروز و فردای کسب‌وکار بسازیم، یعنی کسب‌وکارهایی که در برابر تغییرات دوام بیاورند؛ چرا که آنچه امروز کامل و بی‌نقص است، به معنای آن نیست که فردا نیز همچنان کامل و بدون عیب باشد.

چهار رویکرد نسبت به انعطاف‌پذیری در کسب‌وکار

کسب‌وکارها عمدتاً چهار رویکرد در مواجهه با انعطاف‌پذیری اتخاذ می‌کنند که به ترتیب عبارتند از:

- بی‌نیازی و عدم وابستگی
- سرمایه‌گذاری در شبکه‌ی ارتباطات
- ایجاد پشتیبان

● ساخت دیوارهای دفاعی و خندق برای مقابله

بی‌نیازی

بی‌نیازی اصطلاحی است که مبدع آن ست گودین، اندیشمند شهیر بازاریابی است و روشی برای زندگی در دنیای کنونی است. اگر ما فاقد یک دفتر کار باشیم، پس کدام سیل و بلا است که بتواند آن را تخریب کند. یا اگر برای مثال به جای یک مشتری، ۱۶ مشتری داشته باشیم، از دست دادن یکی از آنها کشتی کسب‌وکار ما را به گل نمی‌نشاند. بنابراین پیشنهاد می‌شود تا خود را از وابستگیها برهانید. سازمانهای منعطف، وابسته و نیازمند به یک عامل نیستند و قادرند با گزینه‌های متعدد، در برابر هجوم تغییرات از خود محافظت کنند. به همین دلیل است که اقتصادهای تک‌محصولی مثل اقتصاد متکی به نفت، با کوچکترین تلنگری دچار نابسامانی می‌شوند.

سرمایه‌گذاری در شبکه

چنانچه همسایه و دوست شما چیزی دارد که شما به آن نیازمندید، اگر از قضا آن چیز را از دست بدهید، می‌توانید به لطف همسایه‌ی خود همچنان به بقایتان امیدوار باشید. ست گودین عقیده دارد که جوامع امروزی شکل مدرنی از جوامع قبیله‌ای هستند و به همین دلیل علاقه‌مندند تا منابع خود را به اشتراک بگذارند.

اشتراک منابع میان سازمانها (بویژه منابع اطلاعاتی) موجب می‌شود تا بقای تمامی اعضای شبکه تضمین شود.

ایجاد پشتیبان

از هر چیزی که برایتان اهمیت دارد، رونوشتی داشته باشید تا در روز مبادا به کارتان بیاید.

کندن خندق و ایجاد دیوارهای تدافعی

این رویکرد، راهکاری بسیار هزینه‌بر است و متناسب سازمانهای منزوی و دارای منابع غنی است. رهبران این قبیل سازمانها می کوشند تا با ایجاد دیواری حایل، میان خود و تغییرات شکاف بیندازند که البته تجربه ثابت کرده چنین رویکردی دوام چندانی ندارد.

به هر ترتیب مدیران هوشمند همواره گزینه‌های متعددی را در اختیار دارند که به فراخور شرایط می‌توانند به‌سرعت از میان آنها به انتخاب بهینه دست یابند.

گفتار هجدهم

آنجا که پاداشها به عملکرد ضعیفتر می‌انجامد!

هیچ‌کس نمی‌تواند به کارمندان این زمانه انگیزه ببخشد بلکه، این انگیزه می‌بایست، درون خود افراد وجود داشته باشد.
"هرمن کین"

انگیزه عاملی است که وجود و اثرات آن در رفتار برای همه‌ی جانداران به اثبات رسیده است. مسلماً با توجه به وجود عقل در بشر، نقش انگیزه در انسان نسبت به سایر جانداران قابل توجه است. امروزه مطالعات و تحقیقات زیادی در ارتباط با انگیزه و راههای تقویت آن در رفتارشناسی صورت می‌پذیرد. "انگیزه‌ها" (motives) در واقع "چراها"ی رفتار هستند. آنها موجب آغاز و ادامه‌ی فعالیت می‌شوند و جهت کلی رفتار هر فرد را مشخص می‌سازند. انگیزه‌ها را گاهی به‌عنوان نیازها، تمایلات، یا محرکات درونی فرد تعریف می‌کنند. انگیزه‌هایی که به سوی هدفها معطوف می‌شوند، ممکن است آگاهانه یا ناخودآگاه باشد.

نظریات دنیل پینک (Daniel Pink) که نویسنده‌ی کتاب مشهور "یک ذهن کاملاً جدید" (A whole New Mind) است، از جنجالی‌ترین نظریات در حوزه‌ی موفقیت فردی و مالی به شمار می‌رود و هواداران بسیاری در

دنیا دارد. وی از سخنرانان انگیزشی بسیار برجسته در حوزه‌ی کسب‌وکار است؛ "معمای انگیزه"، خلاصه‌ای از یکی از سخنرانیهای وی در خصوص مبحث انگیزش است که در زیر به گوشه‌هایی از آن می‌پردازیم.

اواخر دهه‌ی ۱۹۸۰ میلادی بود که دنیل پینک جوان از سر اتفاق وارد مدرسه‌ی حقوق شد. وی هیچ‌گاه از این تصمیم به نیکی یاد نکرده است، اما با این حال به اذعان خود او، رفتن به مدرسه‌ی حقوق عاملی انگیزه‌بخش برای ورودش به دنیای کسب‌وکار بوده است.

برخورداری از انگیزه از مباحث بسیار مهم، چه در زندگی شخصی و چه در کسب‌وکار است. سلاح انگیزه، قدرتمندترین سلاح بشر در مواجهه با ناکامیها و نردبان دستیابی به موفقیت است.

از آنجا که دنیل پینک در حقوق هم سررشته دارد، پس عجیب نیست که پشت هر گفته‌ی او شواهد و دلایلی محکم نهفته باشد. پینک همواره از مثالهای فراوان برای تشریح موضوع مورد بحث بهره می‌برد.

شاید با مسأله‌ی شمع آشنا باشید. مسأله‌ی شمع در سال ۱۹۴۵ به‌وسیله‌ی روانشناسی به نام کارل دانکر مطرح شد. این آزمایش تاکنون در مباحث بسیاری از جمله علوم رفتاری مورد استفاده قرار گرفته است. در این آزمایش، یک شمع و یک بسته پونز و چند کبریت در اختیار آزمودنی قرار می‌گیرد. سپس از افراد خواسته می‌شود تا شمع را به دیوار وصل کرده و آن را روشن کنند. البته مسأله‌ی حائز اهمیت آن است که نباید پارافین حاصل از سوختن شمع روی میز کنار دیوار بریزد.

بیشتر افراد سعی می‌کنند تا شمع را با پونز به دیوار وصل کنند که البته کاری بیهوده است و سرانجامی ندارد. عده‌ای هم سعی می‌کنند تا با آب کردن یک طرف شمع آن را به دیوار بچسبانند که در عین خلاقانه بودن باز هم ایده‌ی ناکارآمد است و راه‌حل مسأله نیست، چرا که شمع حداکثر ظرف چند ثانیه روی میز سقوط خواهد کرد.

تقریباً تمامی آزمودنیها دچار خطای موسوم به "ثبات عملیاتی" هستند، به این معنا که جعبه‌ی پونزها را فقط به عنوان ظرف پونزها می‌بینند. اما در حقیقت جعبه‌ی پونزها می‌تواند قابلیت دیگری نیز داشته باشد، و می‌توان از آن به عنوان پایه‌ای برای شمع استفاده کرد. اینگونه هم شمع سر جای خود ثابت می‌ماند و هم پارافین روی میز نمی‌ریزد!

اما ارتباط مسأله‌ی شمع با بحث انگیزش و مشوقها را باید در آزمایش یکی از برجسته‌ترین اساتید دانشگاه پرینستون امریکا، پروفسور سام گلاکسبرگ، جست؛ آزمایش او نشانگر قدرت مشوقها است. این دانشمند باز هم از مسأله‌ی شمع برای آزمون فرضیه‌ی خود بهره برد، اما این بار از دیدگاهی متفاوت. او شرکت‌کنندگان را به دو گروه تقسیم کرد. متوسط زمان حل مسأله از گروه اول استخراج شد. هیچ مشوقی برای گروه اول در نظر گرفته نشد، اما برای گروه دوم جایزه تعیین شد. به گروه دوم گفته شد که اگر جزو ۲۵ درصدی باشند که سریعتر از سایرین مسأله را حل می‌کنند، ۵ دلار خواهند گرفت. و اگر مسأله را زودتر از همه حل کنند، ۲۰ دلار می‌گیرند. که البته با احتساب تورم این مبلغ امروزه بسیار قابل توجه است!

به نظر شما گروه دوم چقدر سریعتر مسأله را حل کرد؟ پاسخ شاید کمی موجب حیرت شما شود، چرا که گروه دوم (کسانی که مشوق مالی می‌گرفتند) به طور متوسط سه دقیقه و نیم بیشتر طول کشید تا مسأله را حل کنند!

هر چند محرکهای مشروط - یعنی آن دسته از محرکهایی که اگر فرد کاری را انجام دهد، آنگاه چیزی را به دست می‌آورد - در برخی شرایط کارآمد است، اما آزمایشهایی از این دست نزدیک به نیم قرن است که بارها تکرار می‌شوند و هر بار کم و بیش همین نتایج به دست می‌آید. به گمان دنیل پینک، این آزمایش از محکمترین دستاوردها در علوم اجتماعی است

که در عین حال کمترین توجه بدان صورت گرفته است.

دنیل پینک، کسی است که سالهای اخیر را صرف بررسی دانش انگیزه‌های بشری و به طور خاص بررسی اثر محرکهای بیرونی و ذاتی (درونی) کرده است. به باور او نوع نگاه به مسأله‌ی مدیریت انگیزش و انگیزه‌بخشی به کارکنان در تیم کسب‌وکار، مبتنی بر محرکهای بیرونی و بر پایه‌ی قضیه‌ی چماق و هویج هستند. او می‌گوید که بر طبق شواهد این روشهای تشویق و تنبیه مکانیکی بیشتر مواقع بی‌فایده و بسیاری اوقات حتی آسیب‌رسان هستند.

مشوقها و بویژه عوامل انگیزه‌بخش مالی خاصه در برخی مشاغل فاقد پیچیدگی و خلاقیت کارآمد هستند. گلاکسبرگ در آزمایش دیگری تنها پونزها را از جعبه‌ی خود خارج کرد - ساده‌سازی کار- و این بار مشاهده شد که گروهی که مشوق دریافت می‌کردند در مقابل گروه اول پیروز شدند!

زمانی که مجموعه‌ای از قواعد ساده بر وظایف افراد حکمفرما باشد و مقصد از پیش مشخص باشد، آنگاه است که روشهای مرسوم جایزه دادن مؤثر خواهند بود. پاداشهایی به این شکل، ذاتاً ذهن را متمرکز و محدود می‌کنند، بدین‌رو در مشاغلی که فرد نیازمند دیدگاهی روشن و باز باشد، فاقد کارآیی هستند. در حقیقت پینک آینده‌ی کسب‌وکار را متعلق به کارهای موسوم به مشاغل راست مغز می‌داند. به اعتقاد او کارهای روزمره و قاعده‌مند، کارهایی هستند که از نیمکره‌ی چپ مغز بهره می‌برند، و در آینده‌ی نزدیک فرایند اتوماسیون و نرم‌افزارها می‌توانند با سرعت و دقت بیشتری کارهای چپ مغز مثل حسابداری، امور مالی، برخی از انواع برنامه‌نویسی، و... را انجام دهند. بنابراین فعالیتهای قسمت راست مغز، یعنی فعالیتهای مفهوم‌گرا و مستلزم خلاقیت است که آینده‌ی دنیا را در دستان خود دارد.

به اعتقاد دنیل پینک سازمانهای آینده، سازمانهایی هستند که دانش و کسب‌وکار را با هم درآمیزند. امروزه دیگر نمی‌توان افراد را با هویجهای تروتازه و شیرینتر فریب داد و با چماق محکمتر تهدیدشان کرد. از این رو به رهیافتی جدید در حوزه‌های مدیریت انگیزش احساس می‌شود. رویکردی که انگیزش درونی را مقدم بر انگیزش بیرونی (سیاست چماق و هویج) بداند.

شاید شناخته‌شده‌ترین مثال آن دانشنامه‌ی انکارتای مایکروسافت در قیاس با دانشنامه‌ی آزاد ویکی‌پدیا باشد. در میانه‌ی دهه‌ی ۱۹۹۰ میلادی بود که مایکروسافت شروع به ایجاد دانشنامه‌ای به نام انکارتا کرد. مایکروسافت به متخصصان پول می‌داد تا مقاله‌نویسی کنند و سر موعد مقالاتشان را تحویل کنند. اما چند سال بعد یک دانشنامه‌ی آزاد (یعنی ویکی‌پدیا) با شیوه‌ای متفاوت شروع به کار کرد. تفاوت ویکی‌پدیا این بود که حتی یک پول سیاه هم بابت مقالات نمی‌داد و افراد بر روی هر چه علاقه داشتند کار می‌کردند.

امروزه اثبات شده که سبک ویکی‌پدیا برنده‌ی این میدان بوده است. در واقع می‌توان گفت که پیروز این میدان، انگیزش درونی بوده است - خودمختاری، تخصص و هدف در برابر هویج و چماق!

گفتار نوزدهم

هیچ‌وقت برای آموزش مهارتهای رهبری زود نیست

مدیریت، یعنی کارآیی در بالا رفتن از نردبان موفقیت؛ رهبری، تعیین می‌کند که آیا نردبان به دیوار درست تکیه داده شده است.

استفن کاوی

رهبری در کسب‌وکار، فرایندی سازمانی است که در آن اشخاصی با دریافت کمک و حمایت دیگر افراد سازمان، مجموعه را به سوی تحقق هدفی مشترک پیش می‌برند. از زمان شکل‌گیری سازمانها به‌طور حرفه‌ای در اوایل قرن نوزدهم، رهبری کسب‌وکار به مبحثی مهم و تأثیرگذار در ادبیات سازمانی تبدیل شد و آموزش رهبران کارآمد تبدیل به نیازی ناگسستنی برای هر مجموعه‌ی کسب‌وکاری شد. یکی از تازه‌ترین مباحثی که در آموزش رهبران برای اداره‌ی یک کسب‌وکار مطرح شده، بحث سن مناسب برای فراگیری تکنیکها و اصول رهبری است.

تحقیق مؤسسه‌ای به نام زنگر / فولکمن (Zenger/Folkman) که یک مؤسسه‌ی مشاوره‌ای در حوزه‌ی مدیریت و توسعه‌ی رهبری است، نشان می‌دهد که از میان ۱۷ هزار رهبر کسب‌وکاری که از سرتاسر جهان در این

مطالعه شرکت کرده بودند، سن متوسط رهبری، ۴۲ سال است. به طور مشخص بیش از نیمی از این افراد بین ۳۶ تا ۴۹ ساله بودند، کمتر از ٪۱۰ زیر ۳۰ سال داشتند، و کمتر از ٪۵ زیر ۲۷ سال.

در این تحقیق، میانگین سنی افرادی که یک رده پایینتر از رهبران قرار داشتند (معمولاً مدیران ارشد یا سرپرستان) سنجیده شد و عدد ۳۳ سال به دست آمد. وقتی این دو عدد را با یکدیگر مقایسه می‌کردم، نکته‌ای به ذهنم آمد. بین زمانی که فرد به سمت سرپرستی یا مدیریت رده بالای یک سازمان می‌رسد و زمانی که رهبر آن سازمان می‌شود، ۹ سال فاصله است که با توجه به تعادل خوبی که میان جوانی و تجربه در دهه‌ی چهارم (۳۰ تا ۴۰) زندگی افراد وجود دارد، می‌توان از این ۹ سال به عنوان "۹ سال طلایی آموزش مهارتهای رهبری" یاد کرد. اگر سازمانها بتوانند از این فاصله بخوبی استفاده کنند، مطمئناً با این مشکل روبه‌رو نمی‌شوند که رهبرانشان در ۴۲ سالگی تازه شروع به فراگیری مهارتهای رهبری کنند.

اما این وضع موجود است. چرا ایده‌آل فکر نکنیم؟ چرا باید صبر کنیم که فرد، سرپرست یا مدیر رده بالایی شود و سپس به او آموزش رهبری دهیم؟ چرا باید سالهایی را که ذهن و روان فرد از هر لحاظ آماده‌ی یادگیری هرگونه مهارتی است براحتی از دست بدهیم؟

مطمئناً اگر شما صاحب فرزند باشید یا در جمع دوستان و خویشاوندان خود با رفتار کودکان و نوجوانان زیر ۱۰ سال آشنا باشید، تأیید می‌کنید که گاه این گروه سنی حرفهایی می‌زنند یا رفتارهایی از خود نشان می‌دهند که بازتابشگر پیچیده‌ترین و بنیادی‌ترین اصول رهبری است. فرض کنید مدیری در خانه درباره‌ی مشکلی که در سازمانش پیش آمده صحبت می‌کند و روی ویژگیهای افرادی که به گمان وی مقصر هستند، تأکید می‌کند. در این زمان، کودک ۸ ساله‌ی او از وی می‌خواهد که به جای افراد، روی مشکل تمرکز کند و با این حرف، درس رهبری بزرگی به او می‌دهد. وقتی

کودکان این پتانسیل و استعداد ذاتی را برای فراگیری تکنیکهای رهبری دارند، مسلّماً آموزش آنها نتایج بسیار بهتری در پی خواهد داشت. آموزش مهارتهای رهبری به کودکان بسیار عاقلانه‌تر از آموزش این مهارتها به مدیران رده بالا و سرپرستان است. برای اثبات این نکته، ۲ مورد ذکر می‌کنم که مطمئن هستم شما هم در روابط خود با آنها برخورد کرده‌اید:

● عادتهای نادرست بیش از آموزش قدرت دارند. شما بهتر با لپ‌تاپ کار می‌کنید یا فرزند نوجوانتان؟ شما کارآمدتر از گوشی همراهتان استفاده می‌کنید یا فرزندتان؟ بسیاری از کسانی که در دوران میانسالی یا کهنسالی خود هستند، نمی‌توانند از دستاوردهای اخیر تکنولوژی به‌درستی استفاده کنند؛ چون از همان ابتدا آموزش مناسبی برای این کار را ندیده‌اند و روش یادگیری آنها غلط بوده است. ممکن است یک فرد میانسال یا کهنسال مدت زیادی را صرف تمرین کردن کند، اما هیچ‌وقت نمی‌تواند مثل یک نوجوان از گوشی همراه خود استفاده کند.

● تجربه، بدون آموزش ره به جایی نمی‌برد. بسیاری از مدیرانی که بعدها به رهبران سازمان خود تبدیل می‌شوند، آموزش هدفمندی را تجربه نکرده‌اند و رفتار آنها صرفاً به دلیل تجربیاتی است که داشته‌اند. خیلی از ما امیدواریم که رفتار غلط‌مان به مرور زمان بهتر شود اما این کار غیرممکن است. فرض کنید فردی توپ بسکتبالی را در دست بگیرد و چندین بار آن را به سمت سبد پرتاپ کند. ممکن است چند باری هم توپ او وارد سبد شود، اما تا زمانی که یک مربی به او آموزش ندهد که توپ را چگونه در دست بگیرد، با چه زاویه‌ای آن را پرتاب کند و چگونه عمل دم و بازدم را با حرکات دستش هماهنگ کند، پرتاپ هزارم او مانند پرتاب اولش خواهد بود.

گفتار بیستم

پدیده‌ی ریسک‌گریزی در مغز و نقش آن در فرایند تصمیم‌گیری

دانشمندان بتازگی به کشفی شگرف در مورد عملکرد مغز انسان دست یافته‌اند. این بار عصب‌شناسان حرفهای تازه‌ای را از دنیای پیچیده‌ی مغز به ارمغان آورده‌اند؛ یافته‌هایی که در دنیای کسب‌وکار نیز قابل استناد و کاربردی هستند.

بتازگی محققان دانشکده‌ی مدیریت روتمن (Rotman) در تورنتوی کانادا مطالعه‌ای را پیرامون شیوه‌های تصمیم‌گیری در مغز انسان انجام دادند؛ اما ماجرای این آزمایش از چه قرار بود؟

دانشمندان آزمایشی ساده ترتیب دادند؛ کافی است خود را به همراه فردی دیگر در موقعیتی تصور کنید که هر کدام دو گزینه در اختیار دارید و می‌توانید از میان آنها یکی را برگزینید. در مورد اول، هم شما و هم فرد دیگر - که غریبه است و هیچ آشنایی قبلی با شما ندارد - مجاز هستید تا ۸ دلار بگیرید. گزینه‌ی بعدی این است که شما ۱۰ دلار دریافت کنید و فرد غریبه ۱۲ دلار.

شاید عقل سلیم و حتی نظر اقتصاددانان این باشد که آدم عاقل گزینه‌ی

دوم را انتخاب می‌کند، یعنی انتخاب ۱۰ دلار من و ۱۲ دلار غریبه. هر چند که ممکن است فرد غریبه پول بیشتری را به جیب بزند، اما به هر حال شما نیز ۲ دلار نسبت به گزینه‌ی اول بیشتر به‌دست می‌آورید. دلیل اولیه برای این انتخاب آن است که همواره تلاش انسانها در طول تاریخ در راستای بیشینه ساختن منافع خود بوده است. و لذا از ظواهر امر برمی‌آید که معقول نباشد که کسی گزینه‌ی ۸ دلاری را انتخاب کند.

اما نتایج یافته‌های دانشمندان دانشکده‌ی مدیریت روتمن دانشگاه تورنتو حکایت از ماجرایی دیگر دارد. یافته‌های آنها نشان می‌دهد که اگر فرد احساس تهدید کند، و یا دلواپس موقعیت خود باشد، آنگاه احتمال آنکه او دست روی انتخاب سود کمتر بگذارد و گزینه‌ی کمتر را انتخاب کند بیشتر است.

هر چند که از لحاظ منطقی و دیدگاه اقتصادی، چنین انتخابی عقلایی نباشد، اما انتخاب گزینه‌ی کمتر یکی از نیازهای اساسی روانشناختی افراد (نیاز به امنیت) را ارضا می‌کند.

مردم گزینه‌ی اول (پول کمتر) را انتخاب می‌کنند، تا به این وسیله دلیلی برای رفتار خود داشته باشند، و این دلیل چیزی جز حفاظت از خود در مقابل تضعیف و سست شدن موقعیت‌شان نیست. منظور از تضعیف موقعیت، احساسی است که افراد نسبت به پایینتر بودن جایگاه و موقعیت خود نسبت به دیگران دارند. همانگونه که مشخص است، در مورد دوم (۱۰ دلار خود و ۱۲ دلار غریبه) هر چند که فرد مبلغ بیشتری را نسبت به حالت اول (هر دو ۸ دلار) به دست می‌آورد، ولی کمتر بودن این مبلغ نسبت به فرد مقابل (۱۰ دلار خود و ۱۲ دلار غریبه)، مغز او را به واکنش وا می‌دارد. بنابراین، انتخاب گزینه‌ی کم‌ارزشتر، یک حالت تدافعی در مغز انسان محسوب می‌شود تا به این وسیله از ما در برابر تنزل جایگاه (نسبت به سایرین) حفاظت شود.

در مقاله‌ای به قلم پرفسور جفری لئوناردلی (Geoffrey Leonardelli)، و ونسا بوهنز (Vanessa Bohns) از دانشگاه واترلو و جان گو (Jun Gu) از دانشگاه موناش استرالیا، این محققان از طریق انجام آزمایشاتی چند دریافته‌اند که تمرکز گروهی که به صورتی سیستماتیک "نتایج نسبی" را ترجیح می‌دهند، بر روی حفظ امنیت و محافظت از خود در مقابل تضعیف موقعیت است.

در مقابل دسته‌ای از افراد که در پی دریافت ارزش مجموع (نتایج مطلق) هستند، دارای تمرکزی بالنده هستند. تمرکز بالنده (growth focus) افراد را به سمت رشد و دریافت بیشینه‌ی نتایج مثبت و مطلوب وامی‌دارد.

این موضوع از اهمیت بسزایی در مذاکرات اقتصادی و کسب‌وکاری برخوردار است. پرفسور جان گو، که رهبری تیم تحقیقاتی را بر عهده دارد، خاطر نشان می‌سازد که، افرادی که دارای تمرکز محافظه‌کار و امنیت‌طلب هستند، تمایل دارند تا از معاملات اقتصادی که ممکن است موقعیت آنها را سست کند فاصله بگیرند؛ حتی چنانچه معنای این دوری گزیدن به قیمت عایدی و درآمد کمتر از آنچه در توانشان هست باشد.

در یکی از آزمایشهای صورت گرفته از سوی این تیم، به هر یک از شرکت‌کنندگان در تحقیق، مبلغ یک دلار پیشنهاد شد و همچنین به آنها گفته شد که در صورتی که بتوانند یک میهمانی ترتیب دهند، ۹ دلار دیگر هم خواهند گرفت. اما با وجودی که شرکت‌کنندگان با تمرکز محافظه‌کار و امنیت‌طلب می‌توانستند در ازای برگزاری یک میهمانی، چند دلاری بیشتر به دست آورند، اما حدود نیمی از این افراد این پیشنهاد نسبتاً سخاوتمندانه را رد کردند، درحالی‌که تنها ۱۷ درصد از افراد گروه با تمرکز بالنده توانستند دست رد به این پیشنهاد بزنند.

مطالعات پیشین دکتر لئوناردلی و همکارانش همچنین نشان می‌دهد، که افراد با تمرکز بالنده تمایل دارند تا در مذاکرات تجاری خود نیز هدفهای

بلندبالاتر و جاه‌طلبانه‌تری را معین کنند، آنها در مذاکرات پرتکاپوتر و سلطه جوترند و در نهایت نیز به منافع بیشتری دست می‌یابند و مزد ریسک‌پذیری خود را می‌گیرند. بنابراین در فرایند مذاکره با چنین افرادی می‌بایست ویژگیهای ذاتی (مغزی) آنها را در نظر داشت. اما به نظر لئوناردلی، «افرادی که دارای یک مغز تمرکزیافته از نوع بالنده هستند، به دلیل عدم وجود ترس و نگرانی خاصی در وجود خود، می‌توانند براحتی هم مسیر تشریک مساعی را با طرف مذاکره در پیش گیرند و هم با او به رقابت بپردازند. یافته‌های این تحقیق همچنین می‌تواند در تصمیمات کلان سیاسی و اقتصادی نیز لحاظ شود. برای مثال، دولتها برای اجرایی ساختن سیاستهای اقتصادی، مروج رشد و توسعه و جلب حمایت و پشتیبانی مردمی در پیاده‌سازی این سیاستها، نیازمند ایجاد احساس امنیت و پشتوانه‌ی ذهنی کافی در مردم هستند. امنیت ذهنی، پدیده‌ی ریسک‌گریزی مغزی و مقاومت ذهنی را تا میزان زیادی کاهش می‌دهد و ذهن افراد را به ذهنی پوینده و انعطاف‌پذیر تبدیل می‌کند. از این رو ایجاد احساس امنیت، کلید ایجاد آمادگی در مغز برای پذیرش تغییرات است.

بنابراین، در مذاکرات کاری خود نیز، ارضای این نیاز را در اولویت قرار دهید؛ چرا که احساس امنیت می‌تواند ذهن افراد را به سمت بالندگی سوق دهد.

گفتار بیست‌ویکم

برترین یافته‌های عصب‌شناسان برای کسب‌وکار در سال ۲۰۱۲

وبسایت فوربس بتازگی فهرستی ۱۰گانه از برترین یافته‌های علوم مغز و اعصاب را منتشر ساخته است. برخی از این یافته‌ها، مستقیم یا غیرمستقیم حاوی نکاتی ارزنده برای دنیای کسب‌وکار، مدیریت، و رهبری در سازمانها است، که در پی به آنها می‌پردازیم:

۱- شنیدن تعریف‌وتمجید به همان میزان دریافت پاداش نقدی روی مغز تأثیر می‌گذارد

تعریف‌وتمجید بجا از زیردستان و همکاران هیچ خرجی ندارد، اما با این حال مطابق یافته‌های تحقیقی جدید، تحسین سایرین به همان میزان که پول موجب ایجاد احساس خوشایند در مغز می‌شود، در ما ایجاد احساسی دلپذیر می‌کند.

محققان از ۴۸ بزرگسال برای شرکت در یک طرح تحقیقاتی دعوت کردند. در این پژوهش از افراد خواسته شد تا الگویی خاص را با انگشتان خود و فشردن کلیدهای صفحه‌ی کلید ظرف حداکثر ۳۰ ثانیه اجرا کنند.

به محض آنکه که شرکت‌کنندگان این تمرین را آموختند، به سه گروه مجزا تقسیم شدند. یک گروه وظیفه‌ی ارزیابی را بر عهده داشت، که وظیفه‌ی آن تعریف و تمجید از افراد گروه دیگر بود.

گروه بعدی تنها ناظر بر افراد گروهی بودند که مورد تشویق قرار می‌گرفتند؛ و گروه سوم شامل افرادی می‌شد که عملکردشان روی نمودار ارزیابی و مورد تشویق قرار می‌گرفتند.

زمانی که از شرکت‌کنندگان درخواست شد تا فردای آن روز مجدداً به این تمرین بپردازند، گروهی از شرکت‌کنندگان که پیشتر از طرف گروه ارزیاب مورد تشویق و تمجید قرار گرفته بودند به طرز محسوسی نسبت به گروههای دیگر عملکرد بهتری داشتند. به اعتقاد سرپرست این تیم تحقیقاتی، پروفسور نوریهیرو ساداتو (Norihiro Sadato) که از اساتید برجسته‌ی مؤسسه‌ی ملی علوم فیزیولوژیک ژاپن است، تشویق و تمجید از نظر پاداش‌آفرینی و ایجاد حس خوشایند در مغز، تفاوتی با تشویق مادی ندارد و هر دو اثری یکسان در مغز بر جای می‌گذارند. در واقع یافته‌های محققان حاکی از آن است که پاداش خواه مادی باشد و خواه کلامی، بخش یکسانی از مغز که همان قسمت Striatum است را تحت تأثیر قرار می‌دهد.

چنانچه در کسوت قدرت و اختیار (مدیر، معلم، و...) قرار دارید، حتماً انگیزه‌بخشی با استفاده از تشویق و تحسین را در دستور کار خود قرار دهید. طبق یافته‌ها، این ابزار روشی اثربخش در کسب مهارتهای جدید و بهبود عملکرد است.

۲- آیا روزی می‌توان به کلید خاموش کردن عادات بد در مغز دست یافت؟

روزی را تصور کنید که بتوانید به کمک یک پزشک عادت سیگار کشیدن خود را با یک جراحی سرپایی ترک کنید.

این احتمال خیلی هم دور از ذهن نیست، و عصب‌شناسان دانشگاه ام‌آی‌تی در تحقیقات جدید خود قصد دارند تا کلید کنترل عادات را بیابند. نتایج مطالعات این دانشمندان نشان می‌دهد که قسمتی کوچک در بخش کورتکس پیش‌پیشانی مغز، یعنی جایی که اغلب تفکرات و برنامه‌ریزیها رخ می‌دهد، مسئول کنترل لحظه به لحظه‌ی عادات است.

ما همواره فکر می‌کردیم که ترک عادت موجب مرض است. اما با پیشرفت این تحقیقات می‌توان امیدوار بود که عادات قدیمی و مهلک را می‌توان بی‌هیچ دردسری از ذهن پاک کرد. مغز به عادت کردن علاقه‌مند است؛ چرا که وقتی مغز به چیزی عادت کند، کمترین انرژی را صرف آن می‌کند. برای مثال رانندگی را در نظر بگیرید؛ زمانی که شما به رانندگی کردن عادت می‌کنید، مغز صرف انرژی اضافه برای این عادت را قطع می‌کند.

تیم تحقیقاتی ام‌آی‌تی کار خود را با قرار دادن چند موش آزمایشگاهی در یک ماز (هزارتو) به شکل حرف T آغاز کردند. زمانی که موشها به نقطه‌ی تصمیم‌گیری می‌رسیدند، صدایی برای آنها پخش می‌شد که به راست یا به چپ بروید!

زمانی که موشها درست این فرمان را اجرا می‌کردند پاداش می‌گرفتند- شیر شکلاتی (برای چرخش به چپ) و آب شیرین شده (برای چرخش به راست). دانشمندان برای آنکه نشان دهند که این رفتار موشها از سر عادت است، دادن پاداش به موشهای تربیت شده را قطع کردند اما در کمال تعجب مشاهده کردند که موشها همچنان بدون اشتباه مسیر هزارتو را طی می‌کنند. آنها سپس با مخلوط کردن اندکی لیتیوم کلراید با شیر شکلاتی که موجب حالت تهوع خفیف می‌شود، این مخلوط را در قفس موشها قرار دادند. با تکرار آزمایش، موشها با شنیدن پیغام به چپ بپیچید! همچنان این کار را درست انجام می‌دادند اما دیگر از خوردن شیر شکلاتی امتناع

می‌کردند. در مرحله‌ی بعد دانشمندان با تکنیکی خاص بخشی از سلولهای پیش‌پیشانی مغز را برای لحظاتی از کار انداختند و متوجه شدند که موشها برخلاف گذشته حتی با شنیدن پیام برحسب عادت عمل نمی‌کنند. در واقع این امر نشانگر آن است که ساختار عادات در مغز را می‌توان تغییر داد. البته عادات را نمی‌توان فراموش کرد بلکه، می‌توان آن را با عادتی جدید جایگزین کرد.

در دنیای رقابتی و پر تغییر امروزی، ضرورت تغییرات سریع سازمانی یکی از شرایط اساسی موفقیت است. با وجود این، سرعت این تغییرات، به دلیل مقاومت کارکنان سازمانها در برابر تغییر کافی نیست و بسیاری از سازمانها در چنین مواقعی دچار مشکلات بسیاری شده‌اند. مقاومت در برابر تغییر از جمله عاداتی است که در مغز انسانها نهادینه شده است و مانع از حصول نتایج بهینه شده است. شاید طولی نکشد که بتوان مقاومت افراد در برابر تغییرات مثبت و تغییر عادات مخرب و منفی را تخفیف داد.

۳- استرس بلای جان انسانها است

آیا از تأثیرات مخرب استرس در محیط کاریتان خبر دارید؟ آیا اگر استرس را مدیریت نکنید، استرس شما و سازمانتان را مدیریت خواهد کرد؟

طبق تحقیقات صورت گرفته، استرس موجب آزاد شدن نوعی مواد شیمیایی می‌شود که در عملکرد کورتکس پیش‌پیشانی مغز، محل تفکر و برنامه‌ریزی، اختلال ایجاد می‌کند و سلامت روان افراد را با خطر جدی مواجه می‌سازد. زمانی که افراد با استرس شدیدی مواجه می‌شوند، ماده‌ی شیمیایی کورتیزل و نوراپینفرین ترشح شده و به اضطراب یا پرخاشگری و یا حتی افسردگی می‌انجامد.

بسیاری از افراد شاغل، بویژه در محیطهای کاری دچار اضطراب، استرس یا افسردگی می‌شوند. عموم مردم بیشتر وقت مفید خود را در

محیط کار می‌گذرانند، به همین دلیل شرایط محیط کار اهمیت بسیاری در تأمین سلامت جسمانی و روانی آنها دارد. بنابراین باید استرسهای محیط کار کنترل و مدیریت شوند تا خللی در بهره‌وری نیروها ایجاد نشود.

۴ـ آیا به‌راستی دو مغز بهتر از یک مغز کار می‌کند؟

مقوله‌ی تفکر جمعی مدتها است که در بحثهای مدیریتی و تحقیقات رفتارشناسی مطرح است، همیشه اعتقاد بر این بوده که مشارکت و همفکری دیگران، مانعی بر سر راه سوگیری است و موجب قضاوتهای سنجیده‌تری می‌شود. اما پژوهشی جدید این باور را به چالش کشیده است و برای فرض نظریه‌ی خود مبنی بر آنکه روی هم گذاشتن فکرها الزاماً به قضاوت بهتر منجر نمی‌شود، از ۲۵۲ نفر دعوت کرد تا در این تحقیق شرکت کنند. این افراد به دو گروه تقسیم شدند؛ یک گروه متشکل از تصمیم‌گیرندگان انفرادی و گروه بعدی که شرکت‌کنندگان در آن به‌صورت گروههای دو نفره تقسیم‌بندی شدند. سپس سؤالاتی در اختیار آنها گذاشته شد که پاسخ باید به صورت یک درصد تخمینی داده می‌شد (مثل اینکه چه درصدی از امریکاییها حیوان خانگی دارند؟)

همچنین از آنها خواسته شد تا میزان اطمینان خود به پاسخ داده شده به هر سؤال را از ۱ تا ۵ نمره‌گذاری کنند. شرکت‌کنندگان به ازای هر پاسخی که می‌دادند، ۳۰ دلار دریافت می‌کردند، البته در ازای هر درصدی که پاسخ آنها از درصد واقعی دور بود، یک دلار از این مبلغ کسر می‌شد.

سپس به شرکت‌کنندگان تک‌نفره و گروههای دونفره اجازه داده شد تا با استفاده از نظرات یک مشاور خارج از گروه ۲۵۲ نفری شرکت‌کنندگان و کسب اطلاعات جدید، در پاسخ خود تجدیدنظر کنند. نتایج نشان داد که گروههای دونفره اطمینان بیشتری نسبت به پاسخ خود داشتند؛ بدین‌رو اغلب نظرات مشاور را نادیده می‌گرفتند. در نهایت مشخص شد که

شرکت‌کنندگان تک‌نفره توانستند تا با رایزنی با مشاوران، نرخ اشتباه خود را تا ۱۰ درصد کاهش دهند، اما گروههای ۲ نفره تنها تا ۵ درصد توانستند از نرخ اشتباه خود بکاهند.

دلیل این امر اطمینان بیش از حد گروههای دونفره به پاسخهای خود بود. حال آنکه اگر همین گروهها می‌توانستند از اطلاعات جدید بهره ببرند و آن را در نظر خود دخیل کنند، چه بسا نتایج بهتری حاصل می‌شد.

گفتار بیست‌ودوم

به کارکنانتان بگویید با مغزهایشان و پراشتیاق سر کار حاضر شوند

"به کارکنانتان بگویید با مغزهایشان سر کار بیایند".
"به کارکنانتان بگویید با اشتیاق سر کار حاضر شوند".

این هر دو عبارت از آن پرفسور گری همل است. من آن را در یک عبارت خلاصه کرده‌ام. آیا گری همل را می‌شناسید، با دیدگاههای او آشنایید؟

گری همل و هنگ شورشیان

گری همل از حدود سال ۲۰۰۷ به این سو، شورشی تمام‌عیار علیه "مدیریت علمی" در دنیا به راه انداخت. در این شورش، بی‌پروا و جسورانه بزرگانی نظیر "پیتر دراکر" را نیز از قلم نینداخت و او را نیز عقب‌گرا نامید. حرف حساب گری همل این است:

"مدیریت تاریخ گذشته است"؛ دلایل فراوانی نیز بر این گفته دارد. گفتنی آنکه گری همل برای آنکه بتواند حرفش را در دنیای علمی به کرسی نشاند، گروه و دسته‌ای در دنیا به راه انداخته با عنوان "هنگ شورشیان". وی ابایی

ندارد از آنکه استادان دانشگاه و استادان بازار او را ملامت کنند. پیشدستی نیز کرده است و خود چنین عنوانی انتخاب کرده تا دیگران را خلع سلاح کند.

این گروه قرار است چه کاری انجام دهند؟ پاسخ کوتاه آنکه این گروه شورشی، اساس سازمانها را زیر سئوال می‌برند و بر این باورند که "سلسله مراتب مدیریتی" کار بیهوده‌ای است. آنها می‌خندند از آنکه مدیران عالی، وقت خود را برای تدوین استراتژی صرف می‌کنند، و تقسیم کار و انتخاب مدیران میانی از سوی مدیران عالی را "حماقت‌آمیز" می‌دانند. همچنین باور دارند که باید چک شرکت نزد تمامی کارکنان شرکت باشد تا هر زمان که صلاح دانستند، خرید مواد و تجهیزات را سفارش دهند، و ضروری می‌دانند تا مدیران رؤیاپرداز باشند و نه عمل‌گرا. می‌دانید دلیل انحلال سازمانهای اخیر را در چه می‌دانند؟ جالب است بدانید شکست سازمانها را در همین فرایند مدیریت می‌دانند که ۹۹/۹ درصد سازمانهای امروزی اجرا می‌کنند، یعنی برنامه‌ریزی استراتژیک، بودجه‌ریزی سرمایه، مدیریت پروژه، استخدام و ترفیع، آموزش و توسعه، مدیریت دانش، ارزیابی و جبران خدمات کارکنان.

به ساده‌ترین عبارت بر این باورند که فرایندهای مدیریتی، نابودکننده‌اند! تصور می‌کنید در این هنگ شورشیان، چه کسانی گری همل را یاری می‌کنند؟ بزرگان دانشگاه و بزرگان بازار. پاراهالاد، پیتر سنگه، دو تن از این بزرگان دانشگاه هستند که گری همل را در این هنگ یاری می‌کنند. بزرگان بازار نیز مدیران برجسته‌ی سازمانهایی هستند که به اصول و قواعد رایج مدیریت تن درنمی‌دهند. اما حاصل کارشان راه‌اندازی کسب‌وکارهای پرسود و مشتریان فراوان است. هر دو گروه در دنیا اشتهار علمی و اجرایی دارند. از این رو دیگران نمی‌توانند آنان را به سخره بگیرند. این دو گروه یعنی بزرگان دانشگاه، و بزرگان بازار قرار است یک کار انجام دهند و آن

تدوین دستورالعمل مدیریت برای ۱۰۰ سال آینده است.

اجازه دهید نخست بگویم شنیدن سخنان گری همل و هنگ شورشیان سبب خواهد شد نیروهای متوسط‌الحال شرکت شما ذوق‌زده شوند. دوست داشته باشند که شرکت شما به این نحو اداره شود یعنی هیچ رده‌بندی مدیریتی وجود نداشته باشد اما غافل از آنکه گری همل و هنگ شورشیان، سودایی بزرگ و بزرگتر دارند که تنها با دستان نخبگان مشتاق و پرشور انجام‌شدنی است.

هسته‌ی مرکزی تفکر گری همل

گری همل، دوست دارد سازمانها نوآور باشند، مدیران نوآور باشند. اما می‌داند این نوآوری حاصل اندیشه‌ی رأس هرم یا مدیران عالی نیست بلکه، حاصل خرد جمعی است. در این سازمانها، رئیس از سوی کارکنان مورد ارزیابی قرار می‌گیرد. کارکنان نقش فوق‌العاده‌ای در استخدام نیروهای جدید دارند. مدیریت عالی وظیفه دارد محیط آکنده از شور و اشتیاقی بیافریند تا کارکنان حداکثر کوشش خود را برای تحقق رؤیاهایشان به کار بندند. بدین‌رو بی‌ادبانه می‌گویند: اجازه ندهید 'کله‌پوک‌ها' وارد سازمان شوند. 'کله‌پوک‌ها' افرادی متوسط‌الحال هستند که دوست دارند فقط وظایف خود را انجام دهند و سپس به خانه بازگردند.

گری همل می‌گوید این 'کله‌پوک‌ها' و 'تهی‌مغزها' می‌گویند ما وجدان کار داریم غافل از آنکه، نوآوری حیات سازمان را تضمین می‌کند، وجدان کاری برای کارهایی نظیر آبدارخانه است. برای کارکنانی است که دوست دارند شرح وظایف داشته باشند. نداشتن وظایف، آنان را دچار اغتشاش فکری می‌کند. گری همل تقاضا می‌کند تا مدیران به کارکنان بگویند که با مغزهایشان سر کار بیایند. همل بر این باور است که اگر سازمان شما دیروز تأسیس شده، شما 'تاریخ گذشته‌اید'، مگر آنکه نوآوری داشته باشید. رمز

موفقیت سازمان در نوآوری است. نوآوری نیز در "راهروهای کسالت‌بار" شرکت و سازمان رشد نمی‌کند. باید افراد همواره در تب و تاب زایندگی باشند. "افسردگی خلاق" تا حدودی روحیه‌ی این کارکنان مولد و مبدع را نشان می‌دهد. چنین کارکنانی نمی‌توانند به هنگام بازگشت به منزل، کار را رها سازند. در منزل یا در سفر یا در تعطیلات در جستجوی راه تازه برمی‌آیند.

سازمانی که گری همل و هنگ شورشیان برای تأسیس آن همت گماشته‌اند، یک رؤیا نیست. برای مثال شرکت رب گوجه‌فرنگی هول فودز با سابقه‌ای نزدیک به ۳۰ سال، نمونه‌ای از این سازمانها است. یکی از مدیرانش در توصیف مدیرعامل اصلی می‌گوید: او (مدیرعامل) یک آنارشیست و هرج‌ومرج‌خواه است!

هول فودز، پر از تناقض اما پرسود و دارای مشتریان زیاد است. تناقضها عبارتند از آنکه کارکنان آزادند، اما باید پاسخگو باشند؛ پاسخگوی خود یا پاسخگوی مشتریان و یا پاسخگوی سهامداران. کارکنان دارای مسئولیت اجتماعی هستند، اما باید سود شرکت را نیز تضمین و تأمین کنند. هول‌فودز بنا بر وظایفی که خود بر عهده گرفته، به محیط زیست احترام می‌گذارد، از حضور کالاهایی که محیط زیست را نادیده می‌گیرند، اجتناب می‌ورزد. به همین دلیل، قیمت کالاها عملاً افزایش می‌یابد، با وجود این، مشتریان خاص خود را دارد.

"عشق"، "خودمختاری"، و "شفافیت" برخی از ویژگیهایی است که کارکنان در شرکت هول فودز رعایت می‌کنند. این ویژگیها سبب می‌شود بسیاری از کارکنان نتوانند در این محیط دوام آورند.

فیش حقوق کارکنان در دست تمامی آنان است و می‌توانند عملکرد همدیگر را ارزیابی کنند؛ شایسته‌سالاری اساس درآمد بیشتر و پاداش بیشتر است.

فصل چهارم

ابزارهایی برای
توانمندسازی مدیران

گفتار بیست‌وسوم

ریزه‌کاریهایی که مدیران برتر را متمایز می‌کند

دنیای کسب وکار، آکنده از افراد با ظرفیتی است که توان رسیدن به درجات بالای مدیریتی را دارند.

افرادی که در جایگاه مدیر، قابلیتهای فراوانی را می‌توانند بروز دهند و چه بسا تغییرات شگرفی را در سازمان خود رقم بزنند.

اما واقعیت چیز دیگری است؛ تنها معدود کسانی هستند که به این درجه می‌رسند و چه بسیار افرادی که در گوشه‌گوشه‌ی سازمانها، معتقدند حق‌شان بیش از کارمند ساده، یا مدیر معمولی است که البته درست نمی‌گویند.

تمایز مدیران بالنده با چنین افرادی، در ریزه‌کاریهای ساده‌ای است که چه بسا هر دو گروه وقتی آن را بشنوند، به آن نیشخند بزنند.

مارشال گلداسمیت، برترین متفکر جهان در زمینه‌ی رهبری در سال ۲۰۱۲ به انتخاب مجله‌ی معتبر هاروارد بیزینس ریویو، راهکار ساده‌ای برای این موضوع دارد. وی دیدگاههای ساده اما کاربردی خود را در این زمینه، در کتابی با عنوان "آنچه شما را اینجا آورده، به آنجا نخواهد برد"

(What got you here, doesn't get you there) در سال ۲۰۰۷ منتشر کرد؛ گفتنی آنکه این کتاب، به مدت ۵ سال متوالی، در میان ۱۰ کتاب پرفروش امریکا جای گرفت.

گلداسمیت در بخشی از این کتاب می‌نویسد: "دنیای شرکتها پر است از مدیرانی که سالها کار کرده‌اند تا به رده‌های بالای مدیریتی برسند. این افراد، انسانهایی باهوش، با مهارت، و حتی منحصربه‌فرد هستند، اما تنها تعداد خیلی کمی از آنها می‌توانند به نقطه‌ی اوج برسند. دلیل این اتفاق، اشتباهاتی است که افراد در برخورد با یکدیگر انجام می‌دهند؛ اشتباهات ساده‌ای مثل تشکر نکردن. و این اشتباهات باعث شکل‌گیری برداشتهایی منفی می‌شوند که فرد را برای همیشه عقب نگه می‌دارند."

گفتار بیست‌وچهارم

مدیران تعالی‌ساز یا تعالی‌سوز؟ شما کدامید؟

کلید بهبود و تکامل سازمانی، تغییر مثبت در تفکر مدیران ارشد است. شما به عنوان مدیر عالی یک سازمان، شرکت یا بنگاه اقتصادی، بیشترین وقت خود را با کدام رده‌ی مدیریتی می گذرانید؟ مدیران شما در طول روز، ماه، یا سال با کدام رده‌ی مدیریتی یا کارکنان، حشرونشر دارند؟

پاسخ به این سؤال می تواند "تعالی سازمانی" یا "سقوط سازمانی" را پیش‌بینی کند. تعجب نکنید. کافی است سازمان را به سه رده‌ی مدیریتی تقسیم کنید:

الف- مدیران با عملکرد بالا

ب- مدیران میانی

ج- مدیران رده پایین

الف- مدیران با عملکرد بالا:

مدیران عالی در شرکتهای پیشتاز جهانی، بیشترین وقت خود را با این گروه از مدیران (مدیران با عملکرد بالا) می گذرانند.

بدون تردید، موفقیت مدیران عالی نیز در پرتو کمیت و کیفیت وقت‌گذرانی با این رده از مدیران است. با وجود این، بنا به تحقیقات تام دلانگ (Tom Delong)، استاد مدیریت دانشگاه هاروارد، این گروه از مدیران، حداکثر ۱۵ درصد سازمان شما را تشکیل می‌دهند.

به باور "دلانگ"، کوشش مدیران برای وقت‌گذرانی با این رده‌ی مدیریتی، عملاً سبب شده تا خود را از "بدنه‌ی مدیریتی" یا مدیران میانی محروم سازند. این در حالی است که "مدیران میانی"، ۶۰ درصد سازمان شما را تشکیل می‌دهند. این بدنه‌ی مدیریتی، ویژگیهای خاص خود را دارد.

ب- مدیران میانی

بخش زیادی از این افراد، دارای کارآیی خوبی هستند. برای مثال، اگر فردی مهندس نرم‌افزار است و کارآیی خوب او سبب می‌شود شما انتظار بالاتری از او داشته باشید، چه خواهید کرد؟

او را به دفتر خود فرا می‌خوانید. پس از تکریم و تحسین و ابراز رضایت از کارآیی بالای او، به وی مژده می‌دهید که قرار است به او ترفیع دهید. چند نفر از کارکنان را به او می‌سپارید تا مدیریت آنها را بر عهده بگیرد. همین جا شما به عنوان مدیر عالی، مرتکب بزرگترین اشتباه مدیریتی شده‌اید.

اشتباه شما به عنوان مدیر عالی در آن است که این مهندس نرم‌افزار، تمایلی برای ارتقای شغلی ندارد. او از زندگی‌اش لذت می‌برد. اما پس از این ترفیع، ناگزیر است هماهنگی این کارکنان را بر عهده گیرد. بیشترین وقت‌اش را به حل‌وفصل فعالیتهای کارکنان اختصاص می‌دهد. ساده‌ترین اتفاق این است که شما بهره‌مندی همین مهندس نرم‌افزار را از او گرفته‌اید، و هماهنگی کارکنان بخش نرم‌افزار را دریافت خواهید کرد.

دلانگ در رده‌ی مدیران میانی از گروهی به نام "رک‌گویان" نام می‌برد.

این افراد هیچ تمایلی ندارند تا به سطوح عالی سازمان صعود کنند. جایشان را برای فعالیتی که انجام می‌دهند، مطلوب می‌دانند. هرگاه شما به عنوان مدیر عالی از آنها درباره‌ی "سازمان"، "برنامه‌های سازمان"، و مدیریت آن بپرسید، درست برخلاف شما نظراتی ابراز می‌کنند؛ آن هم از سر راست‌گویی و بی‌پروایی در ابراز نظرات.

این گروه فراتر از این منش (بی‌پروایی و راستگویی)، به دلیل آگاهی از چشم‌انداز بلندمدت و کوتاه‌مدت، نگاهی متفاوت از شما به موضوعات سازمان دارند.

پیشنهاد صریح تام دلانگ، استاد برجسته‌ی مدیریت دانشگاه هاروارد، این است که نباید از این گروه انتظار تأیید داشته باشید. مخالفت آنان را بشنوید و آنچه را "صواب" است برگزینید.

آنچه را سازمانها از دست می‌دهند، کم‌توجهی به نظرات این گروه از افراد کاردان، و یا "رک‌گویان" است. فارغ از آن به نظرم می‌آید "دلانگ" هم‌عقیده با حکیم بوذرجمهر ایرانی است که می‌گفت: "همه‌چیز را همگان دانند".

آیا بهتر نیست مدیران عالی، هم نظرات ۱۵٪ مدیران با عملکرد بالا (مدیران رده‌ی الف)، و هم مدیران میانی (مدیران رده‌ی ب) را بگیرند تا به "خرد جمعی" دست یابند؟!

واقعیت تلخ آنکه مدیران با عملکرد بالا (۱۵ درصد، مدیران رده‌ی الف) به دلایلی در جستجوی منافع بیشتری از سازمان هستند. بدین‌رو گاه ترجیح می‌دهند بدون ابراز نظرات صریح در مقابل مدیران عالی، در پی منافع خود باشند.

در چنین شرایطی است که "ردای عافیت"، "چشم‌پوشی بر واقعیات" بر تن سازمان پوشیده می‌شود که تعالی‌سوزی سازمان است.

از تفاوت آرای مدیران میانی که جمعیت وسیعتری هستند، سود

گسترده‌ای نصیب سازمان می‌شود. از همه مهمتر آنکه، این گروه از مدیران میانی به دلیل شخصیت خاص خودشان، برای صعود به رده‌ی مدیران الف، انگیزه‌ای ندارند.

به همین دلیل، نیازی به "عافیت‌جویی"، و "ساز شکاری جمعی" در خود احساس نمی‌کنند. ضرورتی نمی‌بینند خود را برای تأیید "مدیر عالی" همراه و هم‌عقیده نشان دهند.

به باور من، سازمانهایی که در ایران هنوز در مراحل شکل‌گیری هستند، بهتر است خود را به رده‌ی مدیران با عملکرد بالا (رده‌ی الف) وابسته سازند. "تعالی سازمانی" وابسته به تکیه کردن به این گروه از مدیران رده‌ی الف است. اما پس از گذراندن مراحل عالی سود و رشد سازمان، مدیران عالی بهتر است خود را به گروه مدیران رده‌ی "ب" نزدیکتر سازند.

اما فراموش نکنیم که گروه یا رده‌ی دیگری از مدیران در سازمان داریم که به مدیران رده پایین معروفند.

ج- مدیران رده پایین

قدرت سازمانهای پیشتاز در آن است که در این بخش از مدیران نیز مدیران قوی دارد. شایسته است سازمانها برای این گروه از مدیران، شأن و احترام لازم را در نظر بگیرند. در غیر این صورت، "پاشنه‌ی آشیل" سازمان همین گروه از مدیران یا کارکنان است.

حتماً افراد بالای ۴۰ سال این خاطره‌ی رایج یا طنز معروف قدیمی را شنیده‌اند که دو دانش‌آموز در مدرسه، درباره‌ی شغل پدرهای خود می‌پرسند. یکی می‌گوید: پدرش در سازمانی بزرگ، در بخش حقوقی، وظیفه‌ی تدوین قوانین را بر عهده دارد. دانش‌آموز دیگری رو کرده به او می‌گوید: پدرش نگهبان آن سازمان است و با دریافت اندک وجهی، همان قواعد و قوانین را زیر پا می‌گذارد.

ظاهراً هنوز هم همین رویه، کم‌وبیش در برخی سازمانهای اداری جاری و ساری است. فرمان مدیریت پس از صرف هزینه‌های فراوان کارشناسی برای تدوین استراتژی، تدوین اطلاعیه‌ها و ابلاغیه‌هایی که بتواند فعالیت سازمانی را سهل‌تر سازد، به چشم به‌هم‌زدنی از سوی نگهبان دم در مورد تمسخر قرار می‌گیرد و مراجعه‌کنندگان نیز درمی‌یابند که ظاهراً موضوع از اساس لوث شده است.

مدیرانی که کارکنان رده پایین را دست‌کم می‌گیرند، آسیبهای فراوانی خواهند خورد. با وجود این، اگر به سازمانی وارد شدید که مدیر بیشترین وقت خود را با کارکنان رده پایین می‌گذراند، چشم انتظار سقوط این سازمان باشید.

● **دلیل:** "تواضع"، و "مردم‌دوستی" پوششی است که این مدیر برای خود فراهم می‌کند تا از "عذاب وجدان کاری"، خود را برهاند. دانش، مهارت و تجربه‌ی این مدیر، کمی فراتر از مدیران و کارکنان رده پایین است. از این رو، در میان این جمع بودن برایش لذت‌بخش‌تر است. جایگاهی در بین مدیران میانی و مدیران رده‌ی الف ندارد. توضیحات کارشناسی آنان را درک نمی‌کند. قادر به ابراز نظر نیست. حرفی برای گفتن ندارد.

فاجعه زمانی آغاز می‌شود که مدیر، خود را در لایه‌های پایینی سازمان پنهان سازد تا پوششی "انسان‌دوستانه" و از سر دلسوزی و شفقت برای خود در سازمان فراهم سازد.

گفتار بیست‌وپنجم

مدیریت از کف بازار؛ اسرار MBWA

واژه‌ی MBWA کوتاه‌شده‌ی عبارت Management by Wandering Around به معنای مدیریت از طریق بازارگردی است. این اصطلاح اشاره به سبکی از مدیریت کسب‌وکار دارد که مدیران با پرسه‌زنی و جستجو به گونه‌ای غیرساختارمند و تصادفی، در محیط کار و یا به معنای عام در کف بازار به گشت‌زنی می‌پردازند تا از نزدیک شاهد رویدادها باشند. این موضوع با ملاقاتهای برنامه‌ریزی شده تفاوت می‌کند. به نظر می‌رسد که اینگونه وارسیها و سرکشیهای تصادفی منجر به ارتقای دانش مدیران نسبت به امور جاری و هموارتر شدن مسیر بهره‌وری و برقراری مدیریت کیفیت جامع در سازمان می‌شود.

ریشه‌ی واژه‌ی MBWA به مدیران اجرایی شرکت هیولت‌پاکارد و روندهای مدیریتی دهه‌ی ۷۰ میلادی بازمی‌گردد. البته این واژه به‌طور رسمی در سال ۱۹۸۲ از سوی تام پیترز و واترمن در کتابی با عنوان "در جستجوی تعالی: درسهایی از برترین شرکتهای امریکایی" به کار رفت. به اعتقاد تاریخ‌پژوهان، آبراهام لینکلن، مخترع این سبک مدیریتی بود که با

بازدیدهای سرزده‌ی خود از نیروهای دولتی در خلال جنگ داخلی امریکا، این شیوه‌ی مدیریت را پایه‌گذاری کرد.

جک ولش، مدیر افسانه‌ای جنرال‌الکتریک، که به مدت ۲۰ سال در این شرکت فعالیت داشت و در سال ۱۹۹۹ از سوی مجله‌ی فورچون به عنوان مدیر قرن نامگذاری شد، در نوشته‌های خود اذعان می‌کند که دست‌کم، ۱۰۰ روز از سال را به بازارگردی و مشاهده‌ی میدانی شرایط رقبا و مشتریان سپری می‌کرده است. تجربه‌ی دیگر در این حوزه مربوط به مدیرعامل کیف و کفش هارتمن در امریکا است که تنها دارای مدرک دیپلم متوسطه است. با این حال هارتمن در زمره‌ی معروفترین و زبده‌ترین بازاریابان جهان قرار دارد. او در یکی از سخنرانیهای خود در دانشگاهی امریکایی، در پاسخ به سؤال یکی از اساتید در مورد مدرک تخصصی وی که گویا با هدف تخریب چهره‌ی وی آن را مطرح ساخته بود، گفت که رشته‌ی تخصصی من MBWA است. او در ادامه گفت من کسی نیستم که دائم پشت میزم بنشینم تا فرصتها به سراغم بیایند. هر لحظه به هر نقطه از بازار سرک می‌کشم، محصولات را بررسی می‌کنم و به آزمایشگاه می‌روم و هر روز تعاملات خود را با مشتریان و رقبای شرکت تحلیل و بررسی می‌کنم.

مدیریت از طریق بازارگردی و جستجو را می‌توان در مقیاسی کوچک درون سازمانها نیز اجرایی کرد و از طریق راهکارهایی چند به یک هم‌افزایی در عملکرد دست یافت.

مطالبی که در پی می‌آید حاوی نکاتی در خصوص چگونگی اجرایی ساختن MBWA در محیط کار است:

• به تناوب به کارمندان خود سر بزنید

ممکن است که کارمندانتان در دفعات نخست که سروکله‌ی شما پیدا می‌شود احساس دستپاچگی کنند، و حتی این اقدام شما را نوعی مچ‌گیری

تلقی کنند، اما در صورتی که به صورت متناوب این کار را انجام دهید، با گذشت زمان افراد احساس راحتی بیشتری خواهند کرد. سر زدنهای متناوب به معنای آن نیست که روزهایی مشخص در ماه یا سال را به این کار اختصاص دهید بلکه، دیدارهای شما باید کاملاً جنبه‌ی سر زدن داشته باشند.

● به تنهایی این کار را انجام دهید

سرکشی با خدم و حشم و حتی مشاوران مورد وثوق توصیه نمی‌شود. این کار باید به گونه‌ای غیررسمی و خودمانی و از سوی شخص شما انجام شود.

● ابتدا گوش بدهید، و سپس صحبت کنید

مثالی قدیمی وجود دارد که می‌گوید خدا به ما ۲ گوش و یک زبان داده است، پس نحوه‌ی استفاده از این مواهب خدادادی نیز باید به تناسب باشد. فلسفه‌ی MBWA کسب اطلاعات میدانی است و این امر محقق نمی‌شود مگر آنکه مشاهده‌گر و شنونده‌ای خوب باشیم. می‌توانید با مطرح ساختن سؤالات باز، افراد را به سخن گفتن تشویق کنید.

● سازنده باشید، نه فقط نقاد

گوشزد کردن مداوم اشتباهات افراد نه تنها کمکی نمی‌کند بلکه، گره‌ای بر مشکلات می‌افزاید و افراد را دستپاچه می‌کند. به جای نقد کردن، راه‌حل پیشنهادی بدهید و از افراد نظرخواهی کنید. اینگونه به مشکلات موجود پی خواهید برد. قدردانی از افراد را فراموش نکنید. مدیریت انگیزش از دستمایه‌های اصلی MBWA است و به شما در پیاده‌سازی آن در سازمان خود کمک شایان توجهی می‌کند.

گفتار بیست‌وششم

کارآفرینان بخوانند

در شرایط حال حاضر، یافتن شغلی مناسب به امری نسبتاً دشوار تبدیل شده است. به همین دلیل رفته رفته افراد بیشتری چشم انتظار یافتن فرصتهایی برای شروع کسب‌وکار خود هستند. با این همه، کارآفرینی مستلزم برخورداری از تعدادی پیش‌شرط است، که در این یادداشت به تعدادی از مهمترین آنها اشاره می‌شود. گفتار حاضر برگرفته از نظرات تعدادی از اهالی خبره‌ی بازاریابی است که در وب‌سایت مؤسسه‌ی بیزینس هلپر (Business Helper) انگلستان منتشر شده است.

همان‌طور که بیان شد، در این گفتار به بررسی پیشنهادات متخصصان بازاریابی و کارآفرینی برای افراد جوانی که جویای ایجاد کسب‌وکار هستند، پرداخته می‌شود:

۱- با دل و جان هدف مطلوب خود را نشانه روید

استدلال نویسنده چنین است که هر فردی صرف‌نظر از پیشینه‌ی خویش، قادر است تا کسب‌وکاری برای خود راه‌اندازی کند و آن را توسعه دهد. بسیاری از کارآفرینان موفق از تحصیلات بالایی برخوردار نیستند، و در

عوض اشتیاق به یادگیری و استقامت را سرلوحه‌ی امور خویش قرار داده‌اند. البته نقش تحصیلات و بهره‌مندی از شمّ کارآفرینی در کیفیت جهان‌بینی افراد غیر قابل انکار است. بنابراین، توصیه این است که پس از اقدامات نظارتی و پژوهشی، با تمام توان، انرژی، و باور خود، دل به دریا بزنید و با پذیرش مخاطرات و موانع پیش رو به موفقیت حساب شده بیندیشید.

۲- برای رسیدن به بهترین‌ها، هدف‌گذاری کنید

هیچ‌گاه پول، هدفی متعالی برای کارآفرینان برتر نبوده است بلکه، والاترین هدف آنها این بوده که در حوزه‌ی فعالیت خود نه خوب بلکه، بهترین باشند.

کمی تیزبینی را چاشنی کار خود کنید و فراموش نکنید که مشتری ولی‌نعمت شما است، پس در ارائه‌ی خدمات به او کوتاهی نکنید، چرا که بهترین بودن مستلزم آن است که در نظر مشتری بهترین باشید. برای آنکه کسب‌وکار خود را به کسب‌وکاری پیشتاز تبدیل کنید، باید به خدماتی که قصد ارائه دارید، و نیز شیوه‌ی تحویل و ارائه‌ی این خدمات و انتظارات خود از کارکنان بیندیشید و برای آن طرح‌ریزی کنید. مشتریان حق دارند بدانند که قرار است در قبال پول پرداختی چه ارزش‌هایی دریافت می‌کنند.

۳- علم‌اندوزی در دانشگاه یا اینکه خاک بازار بخوریم؟

چنانچه نیازی به تحصیلات دانشگاهی نمی‌بینید، لزومی ندارد برای آن زمان و انرژی صرف کنید.

تحصیلات دانشگاهی خوب اما ناکافی است و آنچه مهم است برقراری پیوند میان دانشگاه و بازار است. جالب است بدانیم که پای بسیاری از کارآفرینان حتی به سر در دانشگاه هم نرسیده است. البته بخش عمده‌ای از موفقیت این قبیل افراد مرهون دریافت توصیه‌ها و خدمات مشاوره‌ای

از عاملان مجرب دانشگاهی و بازاری است.

۴ـ با مردم گفتگو کنید

مردم و مصرف‌کنندگان منبعی بی‌بدیل برای الهام گرفتن هستند. در بازار گردش کنید و با مردم صحبت کنید تا متوجه نیازهای آنها شوید. امروزه اینترنت و تالارهای هم‌اندیشی اینترنتی نیز فرصتهای بسیار مناسبی را برای درک و شناخت بازار در اختیار گذاشته‌اند و مرجعی خوب برای یافتن مطالب روزآمد و مفید برای راه‌اندازی کسب‌وکار به شمار می‌روند.

۵ـ تحقیق کنید

چه شرکتهای بزرگ و چه شرکتهای کوچک، برای شناخت مشتریان خود و نیازها و خواسته‌های متغیر آنها نیازمند تحقیقات بازار هستند. تحقیقات بازار را می‌توانید در مقیاس بسیار خرد و حتی در سطح دوستان، خانواده، و معتمدان خود نیز اجرا کنید.

۶ـ از مشورت با متخصصان بهره ببرید

مشاوره را می‌توان عصاره‌ی تحقیقات بازار دانست. مشاوران می‌توانند به مدد تجربه و دانش خود، شما را چند پله‌ای به جلو ببرند و موجب کاهش مخاطرات شوند.

۷ـ تأمین‌کنندگانی بیابید که مورد اعتماد شما هستند

موفقیت کسب‌وکار شما بستگی به توانمندیتان در تأمین نیازها و خواسته‌های مشتریان دارد. با ارائه‌ی کیفیت مناسب، ارزش‌آفرینی کنید و رابطه‌ای دو سر سود را میان خود و مشتری ایجاد کنید.

فراموش نکنیم که چنانچه تأمین‌کنندگان خوبی نداشته باشیم، در نهایت

این ما خواهیم بود که متضرر خواهیم شد؛ چرا که اعتماد مشتریان را از دست خواهیم داد.

۸ ـ برای توسعه‌ی کسب‌وکارتان، با انگیزه و سامان‌یافته اقدام کنید

راه‌اندازی کسب‌وکار، تنها ابتدای مسیری پرپیچ‌وخم است و کار به همین جا ختم نمی‌شود. حالا شما به عنوان یک کارآفرین، می‌بایست مهارتهای مدیریتی را بیاموزید و به کار ببندید. اینجا است که ایده‌های بازاریابی به کمک شما می‌آیند و باید با بهره‌گیری صحیح و بموقع از آنها، کسب‌وکار خود را گسترش دهید و طیف مشتریانتان را از نظر کمّی و کیفی بهبود بخشید.

با اجرای بازاریابی رابطه‌مند و برقراری ارتباطات قدرتمند می‌توانید جهشی جدّی در کسب‌وکارتان پدید آورید. بنابراین، پایگاه داده‌ای از مشتریان خود به وجود آورید و به طور منظم با آنها در ارتباط باشید.

۹ـ اول علاقه، بعد اقدام

شاید این نکته را باید در ابتدای بحث می‌گنجاندیم، با این حال یادآوری می‌شود که هیچ‌گاه سراغ کاری نروید که به آن علاقه‌ای ندارید. علاقه و لذت بردن از کاری که مشغول آن هستید و یا قصد پرداختن و ایجاد آن را دارید، شاید اصلی‌ترین عامل پیشرفت شما باشد. جالب است بدانیم که برخی افراد حتی از سرگرمیهای خود به عنوان منبعی برای کسب درآمد بهره می‌برند.

۱۰ـ عالم عامل عاشق باشید

کارآفرینان، انسانهایی یادگیرنده، اهل عمل و عاشق به ثمر رسیدن فعالیتهایشان هستند. ایشان به کارشان و نتایج عالی عشق می‌ورزند.

گفتار بیست‌وهفتم

مدیریت در دنیای کنونی یعنی حذف فاصله‌های فیزیکی و مجازی کارکنان

"کارمندان سفیران برند هستند"، جمله‌ی معروفی است که همه‌ی ما آن را شنیده‌ایم. در سالهای گذشته توجه به کارمندان بیش از پیش شده، به طوری که بسیاری بر این عقیده‌اند که ارزش کسب‌وکار در رابطه‌ی کارمند و مشتری حاصل می‌شود. برخی هم پا را فراتر گذاشته‌اند و عنوان می‌کنند که حق با مشتری نیست بلکه، "حق با کارمند است"؛ به عبارتی در هرم کسب‌وکار باید مشتری را در رأس هرم قرارداد و کارمند را در انتهای آن و سپس هرم را وارونه کرد، یعنی کارمند در رأس امور است.

این توجه همه جانبه به کارمندان باعث شده، مسأله‌ی انسجام کارمندان به عنوان یک گروه، هرچه بیشتر مورد توجه قرار گیرد و بحث فاصله‌ی مجازی میان آنها به یکی از دغدغه‌های مدیران تبدیل شود. فاصله‌ی مجازی به معنی عدم ارتباط کارمندانی است که شاید به فاصله‌ی چند متری از یکدیگر و در یک ساختمان نشسته باشند، اما فاصله‌ای بس زیاد میان آنها وجود دارد به‌طوری که هر یک سازمان را به سمتی که خودش می‌خواهد می‌برد.

فاصله‌ی مجازی را می‌توان برآیند ۳ عامل دانست. این ۳ عامل عبارتند از:

۱- **فاصله‌ی فیزیکی**: فاصله‌ی جغرافیایی میان کارمندان که این مورد بیشتر برای شرکتهای بزرگ اتفاق می‌افتد. شرکتهای بزرگ دارای شعبات و ساختمانهای متعددی هستند و این دوری فیزیکی می‌تواند موجب عدم برقراری ارتباط میان کارمندان شود.

۲- **فاصله‌ی عملکردی**: بعضاً در شرکتها دپارتمانهای مختلف، وظایفی را بر عهده دارند که هیچ ارتباطی به یکدیگر ندارند. مثلاً یک مدیر بازاریابی خود را مستقل از کارمندی در بخش صادرات می‌داند یا یک مدیر فروش هیچ ارتباط میان خود و مدیر بخش امور رایانه‌ای شرکت نمی‌بیند.

۳- **فاصله‌ی کلان محیطی**: اگر محیط را ترکیبی از عوامل اجتماعی، فرهنگی، اقتصادی و سیاسی بدانیم، تفاوت در هر یک از این عوامل می‌تواند فاصله‌ی زیادی را میان کارمندان ایجاد کند که جبرانش ممکن نیست.

برای غلبه بر هر یک از موارد فوق می‌توان راهکارهایی را به کار بست تا ضمن حفظ نظم و انسجام سازمانی، فعالیت کارمندان را در یک مسیر واحد هدایت کرد. پیشنهاد می‌کنم راهکارهای زیر را در کسب‌و‌کار خود به کار ببندید:

به منظور از بین بردن فاصله‌ی فیزیکی، بهترین راه، استفاده از شبکه‌های درون‌سازمانی است تا کارمندان در نقاط مختلف بتوانند هر لحظه با یکدیگر ارتباط داشته باشند و از روند کاری یکدیگر مطلع شوند. مهمتر از فاصله‌ی فیزیکی که استفاده از تکنولوژی تا حدود زیادی به رفع آن کمک می‌کند، فاصله‌ی عملکردی است. برای برطرف کردن این فاصله، بهترین راهکار "وابستگی در عین استقلال" است. وابستگی در عین استقلال یعنی اینکه در عین حال که هر بخش به طور مستقل مسئولیتها و وظایفی دارد، اما خود

را بی‌نیاز از سایر بخشها نبیند. مثلاً یک مدیر بازاریابی باید بداند که فعالیت او وقتی نتیجه‌بخش است که یک مدیر صادرات بالیاقت، بخوبی از پس مراودات بین‌المللی شرکت برآید، یا یک مدیر باید بداند که اگر منشی شرکت بخوبی نتواند با مشتریها مکاتبه کند، تلاشهای او و تیمش به‌طور کلی از بین خواهد رفت.

فاصله‌ی کلان محیطی موردی است که باید در همان مرحله‌ی گزینش افراد جلوی به وجود آمدن آن را گرفت. نباید از دو کارمند انتظار داشت که چون کنار هم کار می‌کنند اعتقادات و علاقه‌مندیهای یکسانی داشته باشند ولی می‌توان این انتظار را از مدیر بخش تأمین منابع انسانی داشت که به هنگام استخدام کارمندان به این تفاوتها به چشم موضوعاتی که قابل حل هستند نگاه نکند و حتی‌المقدور سعی کند کارمندانی را در کنار هم قرار دهد که به لحاظ عوامل کلان محیطی فاصله‌ی زیادی با یکدیگر ندارند.

انیشتین در یکی از جمله‌های خیلی معروفش می‌گوید: 'اگر فقط یک ساعت برای نجات دنیا فرصت داشتم، پنجاه و پنج دقیقه‌ی آن را صرف تعریف مسأله می‌کردم و تنها ۵ دقیقه دنبال راه حل می‌گشتم.' بهتر است برای نجات سازمانمان و ایجاد انسجام بیشتر میان کارمندان ابتدا خوب تأمل کنیم و فاصله‌ی مجازی میان کارمندان را بخوبی بررسی کنیم. کارمندان، سفیران شرکت ما هستند اما ممکن است گاه دو سفیر که در کنار هم کار می‌کنند، کیلومترها از هم فاصله داشته باشند.

گفتار بیست‌وهشتم

عارضه‌ی درماندگی در تصمیم‌گیری و راههای مقابله با آن

طبق تعریف ویکی پدیا، درماندگی در تصمیم‌گیری می‌تواند منجر به کاهش توانایی فرد در قضاوت صحیح و برقراری تعادل، عجز در تصمیم‌گیری و یا اصطلاحاً فلج در تصمیم‌گیری، خرید تکانشی، اختلال در خودتنظیمی و مدیریت بر خود، و... شود.

درماندگی در تصمیم‌گیری از سویی می‌تواند به تأخیر یا عدم اتخاذ تصمیمات منجر شود، که این امر بار زیادی را بر دوش سازمان تحمیل می‌کند. خوشبختانه کارشناسان روشهای آزمون‌شده‌ای را پیشنهاد می‌دهند که می‌توان به مدد آنها بر این عارضه غالب شد:

۱- برای مسائل معمولی و روزمره از فهرستهای بازبینی ثابت بهره ببرید

این شیوه را از خلبانان آموخته‌ایم؛ چرا که آنها پیش از پرواز، امور روزمره و ثابت را به کمک فهرستهای بازبینی (چک‌لیست) خود انجام و تطبیق می‌دهند. داشتن این فهرستها به‌عنوان وسیله‌ای برای یادآوری به ما کمک می‌کند تا انرژی ذهنی کمتری را در طول روز از دست بدهیم. حتی اگر

این قبیل کارها به نوعی ملکه‌ی ذهن شما شده باشند و چم و خم آنها را بدانید، باز این فهرستها قادرند تا بار اضافی را از دوشتان بردارند و زمان زیادی را برای شما ذخیره کنند.

۲- محدودیتهای زمانی تعیین کنید

برای مدت تصمیم‌گیری خود و اینکه چقدر زمان دارید تا تصمیمی خاص بگیرید، مهلت تعیین کنید. بویژه زمانی که احساس کردید غرق در تصمیم‌گیری شده‌اید، سقف زمانی تعیین کنید. روش معمول آن است که به خود ۵ دقیقه زمان دهید تا درباره‌ی موضوع مورد نظر فکر کنید و بعد تصمیم بگیرید.

۳- انتخابهای خود را محدود کنید

فوراً گزینه‌های نامناسب را از گردونه خارج کنید و مواردی که به گمانتان بهترین گزینه هستند حفظ کنید. به این ترتیب نیازی نیست تا زمان و انرژی خود را صرف تحلیل اطلاعات غیرضروری کنید.

۴- به انتخاب مناسبترین گزینه‌ی موجود رضایت دهید

این درسی است که کارکنان آتش‌نشانی و پلیس به ما آموخته‌اند؛ چرا که این عده گاه مجبورند در کسری از ثانیه بهترین تصمیم ممکن را بگیرند. آنها به جای آنکه تمامی گزینه‌های ممکن را بررسی کنند، به اولین راه‌حلی که به گمانشان مناسب مسأله است بسنده می‌کنند.

۵- فقط تصمیم بگیرید

عادت بیش از حد تأمل کردن پیرامون تصمیمات و مهندسی بیش از حد آنها، چیزی است که گریبانگیر بسیاری از افراد است. البته زمانی که به دقت

بسیاری احتیاج است، شاید به تفکر بیشتری نیاز باشد، اما واقعیت آن است که بسیاری از تصمیمات به اندازه‌ای که ما فکر می‌کنیم اهمیت ندارند.

اگر عادت کنیم که در قبال اطلاعات جدید واکنش نشان دهیم، آنگاه خواهیم توانست تا با سرعت و آزادی عمل بیشتری تصمیم بگیریم.

۶- تلاشهای خود را در راستای تصمیم‌گیری متناسب کنید

کدام انسان عاقلی برای حل مشکلی که با هزار تومان برطرف می‌شود، ۲۰ هزار تومان هزینه می‌کند؟ بنابراین، بسته به اهمیت موضوع روی آن وقت و انرژی صرف کنید، این کار موجب سرعت‌بخشی به فرایند تصمیم‌گیری می‌شود. به جای آنکه از کاه کوه بسازید، تلاش کنید که از کوه کاه بسازید!

۷- زمانی را برای شارژ مجدد ذهنی خود اختصاص دهید

ذهن ما انسانها در خلال پردازش اطلاعات، فرسوده و خسته می‌شود، بنابراین زمانی را برای تجدید قوا اختصاص دهید و به خود استراحت دهید. لازم نیست این مدت طولانی باشد؛ گاه ۵ تا ۱۰ دقیقه زمان کافی است تا قوای خود را دوباره به دست آوریم.

۸- گاه وظیفه‌ی تصمیم‌گیری را به دیگران محول کنید

وظیفه‌ی تصمیم‌گیری را به نزدیکترین و آشناترین افراد با مشکلات محول کنید. عموماً این نوع تصمیم‌گیریها سنجیده‌تر هستند و نتایج خوبی را به بار می‌آورند.

۹- گروهی تصمیم‌گیری کنید

فرایند تصمیم‌گیری را گاه می‌توان با دیگران سهیم شد. این کار موجب دریافت دیدگاههای جدید و بهینه شدن تصمیم‌گیری می‌شود.

۱۰ـ اجازه دهید مشکلات خودبه‌خود برطرف شوند!

این درسی است که از عوامل اجرایی می‌آموزیم. لازم نیست که در هر موردی تصمیم بگیریم؛ گاه بهتر است تا برخی مسائل را به حال خود رها کنیم.

گفتار بیست‌ونهم

تاکتیکهای مهندسی زمان

دیروز به تاریخ پیوست، فردا نیز رازی است مخفی در پس پرده‌ای از ابهام، ولی امروز هدیه‌ای است که باید آن را دریافت.

"شری کارتر اسکات"

از گذشته‌های دور بسیار شنیده‌ایم که وقت طلا است. اما آنچه روشن است، این است که نمی‌توان برای زمان ارزشی مشخص قائل شد و به یقین زمان را می‌توان از گرانبهاترین و نادرترین داراییهای انسان دانست. زمان همانند جریان آب سیل‌آسایی است که بی‌محابا حتی دل سنگ سخت را می‌شکافد تا پیش به سوی جلو حرکت کند. بنابراین احاطه بر زمان اگر نگوییم محال، اما دشوار است. مفهوم این عبارت آن است که زمان را می‌توان مهندسی کرد اما به شرط آنکه ابتدا بر خود مدیریت کنیم.

مهندسی زمان را می‌توان بخشی مترادف با مدیریت بر خویشتن در نظر گرفت. آدمی موجودی در قید و بند مکان و زمان است و از این رو اتلاف عمر، موضوعی نکوهیده در تمام فرهنگهای بشری است. در این میان فناوری نیز نقشی دوگانه داشته، به گونه‌ای که از سویی موجب هدر رفتن

زمان و از سویی موجب ارزشمندتر شدن زمان شده است؛ چرا که به کمک فناوری می‌توان بیشترین بهره را از کمترین زمان برد. مدیریت زمان، دانشی فردی است و پیش‌فرض آن پذیرش محدودیت منابع زمانی است، چرا که ما نمی‌توانیم در یک شبانه‌روز بیشتر و یا کمتر از ۲۴ ساعت در اختیار داشته باشیم.

گام نخست در مهندسی زمان، اصلاح زیرساختهای موجود است، به این معنا که در درجه‌ی نخست می‌بایست اصطلاحاً نشتیهای زمان را بیابیم و نسبت به ترمیم آن اقدام کنیم. نشتیهای زمان اشاره به موقعیتها و اموری دارد که شاهد بیشترین هدررفت زمانی در آنها هستیم. برای مثال امروزه اینترنت را به‌عنوان یکی از عوامل مهم نشت زمان برمی‌شمارند.

اصلاح و حذف سیاهچاله‌های زمانی از برنامه‌ی روزانه موجب می‌شود تا کارها با سرعت و اتلاف کمتری انجام گیرند. در این میان بهره‌گیری از فناوری به عنوان ابزاری کمکی در مهندسی زمان و بهره‌وری، غیرقابل انکار است. گفتنی است که امروزه برنامه‌های کاربردی بسیاری نیز برای پلتفرمهای مختلف از جمله گوشیهای همراه طراحی شده که نقشی مهم در برنامه‌ریزی و مهندسی زمان ایفا می‌کنند.

هر چه هست، زمان نادرترین گوهر آدمی است، تا آنجا که غربیها در مثالی معروف در خصوص اهمیت آن می‌گویند، ارزش یک هفته را باید از یک ویراستار مجله‌ی هفتگی پرسید، ارزش یک دقیقه را از کسی که تنها دقیقه‌ای دیر کرده و به قطار نرسیده، ارزش یک ثانیه را از کسی که جان سالم از حادثه‌ای هولناک به در برده، و ارزش یک هزارم ثانیه را نیز باید از کسی پرسید که در مسابقات شنا یا دوی المپیک مدال نقره برده است."

بویژه زمان از اهمیت وافری نزد نمایندگان فروش و اهالی کسب‌وکار برخوردار است و عموماً این عده همواره آرزو دارند تا به جای ۲۴ ساعت،

۴۸ ساعت زمان در روز در اختیار داشتند. اما همانگونه که بیان شد زمان، منبعی محدود است و چاره‌ی کار مهندسی اثربخش زمانِ در دسترس است که اصول کلی آن را در پی می‌خوانیم:

۱- هر روز دو مورد از مهمترین کارهایی را که باید به‌صورت روزانه انجام دهیم معین کنیم و سپس آنها را انجام دهیم.

اولویت‌بندی در محوریت مهندسی زمان جای دارد. کافی است که در پایان وقت اداری و پیش از مراجعه به منزل، نسبت به تهیه‌ی فهرستی کوتاه از مهمترین کارهای روز آینده اقدام کنید. حالا از میان این فهرست دو موردی را انتخاب کنید که بیشترین سود را برایتان دارند.

البته پیش از هر کاری باید با مدیریت بر خویشتن تعهد به انجام اولویتها را در خود ایجاد کنیم. اولویت‌بندی موجب کاهش بطالت اجتماعی می‌شود و ما را در زمره‌ی ۵٪ بالای مدیران اجرایی برتر و بهره‌ور قرار می‌دهد.

قبل از هر چیز لازم است تا جنس کارها را بشناسیم و کارهایی را در اولویت قرار دهیم که ما را چند قدمی به چشم‌اندازمان نزدیکتر می‌کنند. بدین‌رو، تفکیک کارهای ضروری از غیرضروری از ارکان مهندسی زمان به شمار می‌رود.

۲- هر روز خود را با انجام دو اولویت اصلی‌مان آغاز کنیم و مادامی که به پایان نرسیده‌اند، دست از کار نکشیم؛ کار را که کرد، آنکه تمام کرد.

از انجام توأمان چند کار با هم پرهیز کنید و در عوض سعی کنید تا اولویتهای کاری خود را ابتدا تکمیل کنید تا به این وسیله احساسی خوشایند و مثبت درونتان ایجاد شود. مغز انسان با شروع کار به صرافت پایان آن می‌افتد، بنابراین ممکن است قدم نخست دشوار باشد، اما ساختار مغزی

ما به شکلی است که شروع کار انگیزه‌ای لازم برای پایان آن را فراهم می‌سازد.

۳ـ کار خود را با مهمترین (و یا دشوارترین) اولویت آغاز کنیم.
تکمیل و به سرانجام رساندن یک یا دو وظیفه‌ی مهم، منجر به موفقیت می‌شود و موجب حفظ سطح انرژی روزانه در بدن می‌شود. به محض آنکه بتوانیم اصلی‌ترین وظایف را انجام دهیم، انگیزه و اشتیاق انجام دیگر کارها را نیز خواهیم یافت و با لذت و بهره‌وری بالاتری زمان را سپری خواهیم کرد.

با این همه، اغلب مردم عکس این کار را انجام می‌دهند و دشوارترین و مهمترین وظایف خود را به ساعات پایانی موکول می‌کنند. صبح خود را از کارهای سخت آغاز کنید تا روزتان را به آسانی طی کنید. انجام اثربخش و سروقت کارها، موجب ارتقای سطح خودباوری می‌شود.

۴ـ دیگر فعالیتهای خود را دسته‌بندی کنیم
کاغذبازیها، بررسی ایمیلها، برقراری تماسهای سرد، و... همگی از عوامل نشت زمان بویژه در کسب‌وکارها هستند که در صورت عدم مدیریت بهینه، موجب اتلاف وقت می‌شوند. بدترین چیز آن است که بخواهید هر از چند دقیقه‌ای به این موارد سرکشی کنید، تماسی کم‌اهمیت بگیرید و یا ایمیلهای خود را به صورت مستمر بررسی کنید. در عوض یک برنامه‌ی زمانی داشته باشید؛ این برنامه می‌تواند در فواصل انجام اولویتهای کاری اجرایی شود.

برای مثال ۱۵ دقیقه بین اولویت اول و اولویت دوم را به عنوان تنفس زمانی در نظر بگیرید و در این حین نسبت به انجام این قبیل امور اقدام کنید.

هر چند این کارها نیز در جای خود حائز اهمیت هستند، اما نمی‌بایست

اولویتها را تحت‌الشعاع قرار دهند. دوباره‌کاری و تکرارهای بیهوده، تماس‌های تلفنی کم‌اهمیت و طولانی، و از همه مهمتر ناتوانی در نه گفتن را می‌توان از جمله راهزنان زمان دانست.

۵- از شب قبل برای روز بعد آماده شویم

هر چند ممکن است که در طول ساعات کاری موارد پیش‌بینی‌نشده‌ی بسیاری روی دهد، با این حال بسیاری از امور را می‌توان از روز قبل مشخص کرد. یک دفترچه‌ی یادداشت برای ثبت وقایع روزمره و زمان‌بندی امور آتی داشته باشید. نوشتن و ثبت وقایع روزمره به علاوه می‌تواند به شناسایی فعالیتهای غیرضروری کمک کند؛ چرا که با یک تحلیل سرانگشتی ساده روی رخدادهایی که ثبت می‌کنیم، می‌توانیم براحتی متوجه نشتیهای زمانی موجود در برنامه‌ی کاری خود شویم و نسبت به برطرف ساختن آنها اقدام کنیم.

● **نکته‌ی آخر:** میان وظایف شغلی و زندگی خود تعادل ایجاد کنید. زیرا که مهندسی زمان بدون همکاری و مساعدت دیگران بویژه نزدیکان، ناکارآمد خواهد بود.

گفتار سی‌ام

هفت قانون مدیریت خلاق برای رهبری افراد خلاق

شاید برخی از افراد خلاق، انسانهایی دمدمی‌مزاج، گاه عصیانگر و غیرقابل پیش‌بینی، و یا حتی گستاخ و خودبین به نظر رسند، اما با این حال نمی‌توان براحتی از قابلیتهای شگرف آنها چشم پوشید.

در واقع اگر نتوانید بهره‌وری لازم را از کارمندان خلاق خود داشته باشید، شاید دیر یا زود ناگزیر به اعلام ورشکستگی شوید! البته در مقابل، اگر تنها افرادی را استخدام کنید که چندان جاه‌طلب و سرکش نیستند و براحتی می‌توانید بر آنها مدیریت کنید، شرکت شما در بهترین حالت، یک سازمان متوسط خواهد بود.

پدیده ی "خلاقیت سرکوب‌شده" از تومورهای بدخیم و کشنده‌ی سازمانی است.

هر چند که بسیاری از سازمانها به ظاهر بر طبل نوآوری می‌کوبند، اما تعداد انگشت‌شماری از آنها بواقع از اراده‌ی نگهداری و پرورش کارمندان خلاق (عاملان نوآوری) برخوردارند و نمی‌توانند کارکنان خلاق خود را شاد و یا حتی آنها را بهره‌ور نگاه دارند.

با وجود این، پس روشهای مدیریت و حفظ کارکنان خلاق از چه قرار است؟

۱ـ به آنها دل و جرأت شکست خوردن را بدهید:

حتماً شما نیز پدر و مادرهایی را دیده‌اید که گاه خرابکاریهای فرزند خود را تحسین می‌کنند. شکست دروازه‌ی تجربه‌آموزی و موفقیت است. بنابراین، شرایط حمایتی بی‌قید و شرطی را برای کارمندان خلاق خود به‌وجود آورید، زیرا که نوآوری، زاییده‌ی عدم قطعیت، ریسک، و آزمون و تجربه است.

افراد خلاق ذاتاً انسانهایی آزمونگر هستند، پس به آنها اجازه دهید تا با بازی به سبک خود، به آزمون و خطا دست بزنند. البته آزمون و خطا بی‌هزینه هم نیست، اما با این حال، آزمون و خطا کم‌هزینه است و نوآور بودن هزینه‌های سنگینی برای سازمان به بار می‌آورد.

۲ـ چیدمان مهره‌های درست پیرامون افراد خلاق:

بدترین کاری که می‌توان در حق افراد خلاق کرد این است که آنها را وادار کنیم تا با فردی شبیه خود کار کنند، افراد هم‌جنس از نظر خلاقیت ممکن است در چنین شرایطی به تقابل ایده‌ها بپردازند، تا ابد توفان فکری کنند، و یا به سادگی یکدیگر را نادیده بگیرند. البته نمی‌توان آرایش پیرامونی کارکنان خلاق را با افراد بسیار کسالت‌بار (کاملاً منفعل و غیرخلاق) و کاملاً عادی تشکیل داد، چون این افراد درکی از یکدیگر ندارند. در عین حال، بتازگی نتایج یک تحقیق حاکی از آن است که تیمهایی که از اعضای مختلف و متنوع تشکیل یافته‌اند و پذیرای دیدگاههای یکدیگر هستند، با حداکثر خلاقیت و نوآوری عمل می‌کنند.

بنابراین، راهکار این خواهد بود که افرادی را به‌عنوان همکار کارکنان

خلاق‌تان منصوب کنید که نه آنقدر نامتعارف باشند که بتوانند ایده‌های افراد خلاق را به چالش بکشند، و نه آنقدر متعارف باشند که نتوانند با افراد خلاق همکاری کنند.

برای مثال، در دنیای فوتبال کریستیانو رونالدو برای آنکه رونالدویی واقعی باشد به بازیکنانی مثل اوزیل، آلونسو و راموس نیازمند است.

۳- افراد خلاق را تنها در کارهای معنادار دخیل کنید:

نتایج تحقیقات نشان می‌دهند که نوآوران بالفطره، چشم‌انداز روشنتری دارند. آنها موضوعات مختلف را با زاویه‌ی دید باز و از بالا می‌نگرند و به همین دلیل تسلط بیشتری بر مسائل دارند. آنها نمی‌توانند خود را درگیر کارهای بی‌مفهوم و بی‌معنی کنند.

این رویکرد صفر و یک (همه چیز یا هیچ چیز) در افراد خلاق تداعیگر خلق و خوی هنرمندان است، که تنها در صورتی که به آنها ایده‌ای الهام شود می‌توانند بدرخشند. بدین‌رو سرچشمه‌ی الهامبخشی معناداری و کار معنادار است. بنابراین، افراد وقتی در اوج خلاقیت قرار می‌گیرند که ذهن تشنه و جوهره‌ای معنادار داشته باشند و نبوغ درونشان هدایتگرشان باشد.

۴- افراد خلاق را تحت فشار نگذارید:

خلاقیت معمولاً با افزایش حیطه‌ی اختیارات افراد، میزان آزادی و انعطاف‌پذیری شغلی شکوفا می‌شود.

افرادی که تابع ساختار، بخشنامه و چارچوبهای پیش‌بینی‌شده هستند، احتمالاً انسانهای خلاقی نباشند. به هر ترتیب، انسانها به صورت معمول در شرایط پیش‌بینی‌ناپذیر و خودانگیخته رفتارهای خلاقانه‌تری را از خود بروز می‌دهند؛ چرا که در این شرایط نمی‌توان تنها بر عادات و الگوهای ثابت مغزی اکتفا کرد. اجازه دهید تا گاهی کارکنان خلاقتان خارج از

ساعات اداری معمول فعالیت و گاه حتی دورکاری کنند. اگر به ایشان اعتماد دارید، از آنها نپرسید کجا بودند، چه می‌کردند و یا چگونه کاری را انجام دادند.

۵ـ مراقب پرداختها و پاداشهای مادی باشید:

بحث پیرامون ارتباط میان انگیزش درونی و بیرونی، موضوعی همیشگی و جنجال‌برانگیز بوده است. روانشناسان در خلال ۲۰ سال گذشته شواهدی مستدل یافته‌اند که بر طبق آن، پاداشهای بیرونی با سرکوب نبوغ یا علایق درونی فرد موجب کاهش عملکرد وی می‌شود. بویژه زمانی که شغل فرد معنادار باشد، پاداشهای بیرونی می‌تواند موجب نقصان عملکرد و کاهش میزان مشارکت‌جویی افراد شود. در عوض، تحسین و بازخورد مثبت موجب غلیان انگیزش درونی می‌شود و تأثیری به مراتب سودمندتر از پاداش مادی در مغز افراد می‌گذارد.

بدین‌رو هر چه به افراد بابت کاری که به آن عشق می‌ورزند، پول بیشتری بپردازید، علاقه‌ی آنها رفته رفته کاسته خواهد شد! افراد مستعد نوآوری با پول تشویق نمی‌شوند.

۶ـ آنها را غافلگیر کنید:

هیچ چیز به اندازه‌ی کسالت‌بار بودن و بی‌معنایی موجب سرکوب خلاقیت نمی‌شود. ساختار ذهنی افراد خلاق به گونه‌ای است که مدام در پی تغییر باشند، حتی اگر این تغییر به قیمت کاهش بهره‌وری باشد. آنها هر روز مسیر جدیدی را می‌آزمایند، حتی اگر این مسیر موجب گم شدن‌شان شود، و وقتی برای مثال به رستوران می‌روند هر دفعه سفارشی تازه می‌دهند، حتی اگر غذای قبلی باب طبع‌شان بوده باشد. هر چه خلاقتر باشیم، تحمل ابهام در ما بالاتر می‌رود. افراد خلاق دوستدار پیچیدگی هستند و دوست

دارند به جای آنکه موضوعات پیچیده را ساده کنند، مقوله‌های ساده را پیچیده کنند. آنها تمایل دارند تا به جای یافتن یک پاسخ برای یک مشکل، هزاران پاسخ برای هزاران مشکل بیابند. بنابراین، ضروری است تا آنها را در وضعیت ابهام قرار دهید یا غافلگیر کنید، و دست‌کم فضایی متلاطم را برای آنها به وجود آورید که در محیط پیش‌بینی‌ناپذیر رشد کنند و شکوفا شوند.

۷- کاری کنید که احساس مهم بودن کنند:

همان‌گونه که تی.اس الیوت می‌نویسد، "مسبب اغلب مشکلات و مصیبتهای جهان مردمانی هستند که می‌خواهند مهم باشند؛ و دلیل این امر هم آن است که سایرین نمی‌توانند این احساس را در آنها تصدیق کنند." عدالت به معنای برخورد یکسان با همگان نیست بلکه، عدالت و انصاف به مفهوم آن است که آنگونه که شایسته‌ی افراد است با آنها برخورد کنیم. هر سازمانی دارای کارمندان کم‌ظرفیت و پرظرفیت است، اما تنها مدیران شایسته می‌توانند کارمندان را از یکدیگر تشخیص دهند. چنانچه نتوانید ظرفیت افراد خلاق را ارج نهید، آنها شما و سازمان شما را ترک خواهند کرد و به جایی می‌روند که احساس ارزشمندی بیشتری کنند.

● **نکته‌ی آخر:** حتی وقتی که قادرید کارکنان خلاق خود را مدیریت کنید، به معنای آن نیست که به آنها اجازه دهید که دیگران را مدیریت کنند. در واقع نوآوران بالفطره بندرت دارای مهارتهای رهبری کسب‌وکار هستند. بسیاری از افراد خلاق و نوآور به‌منظور پوشاندن نقاط ضعف خود در رهبری کسب‌وکارها، دست به دامان افراد دارای مهارتهای مدیریتی می‌شوند؛ درست همانند مارک زوکربرگ، بنیانگذار شبکه‌ی اجتماعی فیس‌بوک.

گفتار سی‌ویکم

چگونه مدیری دوست‌داشتنی باشیم

براستی چه رازی در محبوبیت افرادی چون جک ولش، استیو جابز، جف بزوس، و... نهفته است. محبوب بودن و خوشنامی، شالوده‌های یک برند شخصی معتبر هستند.

حال سؤال اینجا است که چگونه می‌توان در محیط کار مدیر و رهبری دوست‌داشتنی بود؟

پاسخ به این سؤال را یکی از نویسندگان کتابهای پرفروش انتشارات نیویورک تایمز در کتاب اخیر خود با عنوان "کسب‌وکار دوست داشتنی" (Likeable Business) داده است.

دیو کرپن، در این کتاب در پی یافتن مهره‌ی مار رهبران و مدیران محبوب سازمانهای موفق است.

وی برای یافتن پاسخ، تحقیقات و مصاحبه‌های مفصلی را با برخی از موفقترین و محبوبترین رهبران کسب‌وکار صورت داده است. آنچه در این گفتار می‌خوانیم، خلاصه‌ای از مهمترین یافته‌های او و دستورالعملی برای کسب محبوبیت در سازمان است که توصیه می‌شود رهبران کسب‌وکارها

آنها را به کار برند:

۱- گوش شنوا داشته باشیم

وقتی مردم حرف می‌زنند، سراپا گوش شوید. اغلب مردم گوش شنوا ندارند.

"ارنست همینگوی"

شنیدن، شالوده‌ی روابط سازنده است. رهبران سازمانی محبوب به این اصل اعتقاد دارند که خداوند به آنها یک زبان و دو گوش داده، بنابراین بخوبی پذیرای نظرات موافق و مخالف هستند.

گوش آنها کاملاً نسبت به نجوای رقبا، مشتریان، همکاران، و سهامداران تیز و حساس است.

۲- زبان قصه‌گویی داشته باشیم

امروزه داستان‌سرایی قدرتمندترین شیوه برای ابزار عقاید و بیان ایده‌ها است.

"رابرت مک‌کافی"

مدیران کارآمد همان‌گونه که گفته شد دارای گوشهای هوشمند و تیز هستند. آنها بعد از گوش دادن باید به فروش ایده‌ها و محصولات خود بپردازند و قصه‌گویی یکی از مؤثرترین روشها برای فروش است. داستانها با قدمتی به اندازه‌ی خلقت بشر براحتی قادرند تا مخاطبان را مجذوب سازند و به آنها اراده‌ی عمل (خرید) بدهند. مردم از شنیدن ماجراها و زندگینامه‌ی حرفه‌ای شخصی ما به وجد می‌آیند و دلیلی برای معاشرت و بده‌بستان تجاری با ما می‌یابند.

۳- اصالت نفس؛ خود باشیم نه بیشتر و نه کمتر

چنانچه می‌دانستم که اگر خود واقعیم باشم آنگاه است که به بی‌نیازی و غنا می‌رسم، زودتر این کار را می‌کردم.

"اپرا وینفری"

مدیران محبوب همان چیزی هستند که می گویند. همین موضوع سبب اصالت نفس آنها می‌شود. پیشتر میان خود عمومی و خود خصوصی افراد فاصله بود، اما این مرز امروزه به دلیل رشد فناوریهای و رسانه‌های اجتماعی در حال رنگ باختن است. مدیران فردا، حتی در فضای مجازی نیز اصالت ذات خویش را حفظ می کنند و به آن پایبندند. آنها قادرند تا میان زندگی کاری و شخصی خود توازن برقرار کنند. فراموش نکنیم که هیچ انسانی کامل نیست، به قول جان مکسول، اگر بر فرض انسانی کامل هم وجود داشته باشد، هرگز به درد کار گروهی نخواهد خورد، چرا که در گروه افراد مکمل یکدیگرند و نقاط ضعف هم را می پوشانند.

۴- شفاف گفتاری، شفاف پنداری، شفاف کرداری

به‌عنوان صاحب یک کسب وکار کوچک، هیچ اهرمی
توانمندتر و بزرگتر از حقیقت در دست نداریم.
"جان وایتیر"

امروزه هیچ رازی نیست که روزی برملا نشود. صداقت و شفافیت در سازمانها موجب ایجاد جوّ شادکامی می شود. به علاوه شفاف بودن یک زندگی آرام شخصی را رقم می‌زند و موجب می شود که شب هنگام سر آسوده بر بالین بگذاریم، مدیران راست گفتار شادترند و بهره‌وری بالاتری دارند. رهبران و مدیران توانمند به مشتریان و کارکنان خود حقیقت می فروشند.

۵- بازی گروهی

یک دست صدا ندارد.
"ناشناس"

انسان موجودی اجتماعی است و موفقیت او مستلزم کار گروهی است. رهبران محبوب همچون خورشیدند و اجازه می دهند تا دیگران نیز با

استفاده از این نور عالم‌تاب، همچون ماه در آسمان شب بدرخشند. آنها فرهنگ کامیابی و کار گروهی را در سازمان نهادینه می‌کنند، آن هم به‌وسیله‌ی بسترسازی برای کار تیمی. کار گروهی موجب ایجاد جوّ همدلی، کسب مهارت، اجتماعی شدن، فراگیری بهتر از شکستها، و... می‌شود.

۶- پاسخگویی

۱۰ درصد از زندگی آن چیزی است که برای شما روی می‌دهد اما ۹۰ درصد آن چگونگی واکنش شما در مقابل این رویدادها است.

"چارلز سوئیندال"

مدیران محبوب در مقابل مشتریان، کارکنان، سرمایه‌گذاران، و حتی مشتریان بالقوه پاسخگو هستند و فرهنگ پاسخگویی در ذات آنها نهفته است. خواه تعامل و پاسخگویی در قالب ایمیل، تلفن، یادداشت و یا ملاقات رودررو باشد و یا هر شکل دیگری، مهم پاسخگو بودن و تکریم دیگران است. به این ترتیب می‌توان به سودآوری بیشتر سازمان امیدوار بود، چرا که پاسخگویی موجب می‌شود تا دیگران به بلندگوی تبلیغاتی شما تبدیل شوند.

۷- سازگارپذیر شویم

زمانی که دست از تغییر بکشید، آن وقت است که غزل خداحافظی را خوانده‌اید.

"بنجامین فرانکلین"

هیچ‌گاه شرایط و فضای کسب‌وکار به اندازه‌ی امروز متغییر و بی‌ثبات نبوده است. عصر حاضر کارآیی برنامه‌ریزیها بویژه برنامه‌های بلندمدت و میان‌مدت را زیر سؤال برده است.

یکی از مهمترین وجوه تمایز انسانها با دیگر موجودات، توانایی ما در انطباق‌پذیری است. به همین دلیل است که برای مثال بدن حیوانات برای مقابله با شرایط آب‌وهوایی دارای پوستهای خزدار و پشمی است، اما انسانها قادرند تا با استفاده از توان انطباق‌پذیری بالای خود و بسته به شرایط،

لباسی مناسب برای خود تهیه کنند و یا بسازند. مدیران کارآمد نیز از قدرت انعطاف بالایی بهره‌مندند و قادرند تا در لحظه و با فرصت‌یابی و پایش چالشها به تصمیم‌گیری درست بپردازند.

۸- شور و اشتیاق را چاشنی کار خود کنیم

تنها راه برای آنکه بتوان کاری را فوق‌العاده انجام
داد این است که به کار خود عشق بورزیم.
استیو جابز

اشتیاق به کار یک مزیت رقابتی برای مدیران محسوب می‌شود، چرا که اشتیاق علاوه بر بهبود بهره‌وری، از ویژگی مسری بودن نیز برخوردار است و براحتی به کارکنان و حتی مشتریان سرایت می‌کند.

۹- همیشه چیزی برای غافلگیر کردن در آستین داشته باشیم

یک فرمانده حقیقی همواره شمایی از شگفتی را در آستین
خود دارد؛ این مهره‌ی مار او است و دست کسی به آن نمی‌رسد،
اما چیزی است که مردم بی‌تابش هستند و نسبت به آن هیجان دارند.
شارل دوگل

انسانها از غافلگیر شدن به وجد می‌آیند، چرا که شگفتی زندگی را از یکنواختی خارج می‌کند. رهبران محبوب کمتر وعده می‌دهند و بیشتر تحویل می‌دهند و اینگونه مخاطب را غافلگیر می‌کنند.

۱۰- سادگی را پیشه کنیم

کارهای خود را به دو سه تا محصور کن و بر آن باش که بر
تعداد آنها افزون نشود... حساب و کتاب خود را به گونه‌ای نگاه‌دار
که از پنج و شش تجاوز نکند تا بتوانی با انگشتانت حساب کنی...
خلاصه آنکه توصیه‌ی من تنها سه چیز است: سادگی، سادگی، سادگی.
ثوروویک

جهان امروز پیچیده‌تر از گذشته است. بدین‌رو سادگی بیشترین توجهات را به خود جلب می‌کند. مشتریان کنونی بیشترین واکنش را نسبت به طراحیها و کاربردهای ساده نشان می‌دهند. بنابراین سعی کنید تا پیچیده‌ترین ایده‌ها، و طرحها را به ساده‌ترین نحو ممکن ارائه کنید؛ ساده‌رفتاری و ساده‌گویی از مهمترین ویژگیهای مدیران محبوب کنونی است.

۱۱- قدردان باشیم

مدیران محبوب و مدبر همواره قدردان کسانی هستند که در یافتن فرصتها و هموار کردن مسیر موفقیت کوشیده‌اند، بدین‌رو همواره قدردان همکاران و مشتریانتان باشید. یک یادداشت قدردانی مکتوب تأثیری شگرف بر سایرین دارد. قدردانی کلامی و عملی تأثیری به مراتب بهتر از تقدیر مالی دارد، اما هر یک جایگاهی منحصربه‌فرد در کسب محبوبیت دارند و مدیران را به رهبرانی سخاوتمند تبدیل می‌کنند.

● **نکته‌ی آخر**: مهمتر از تمامی موارد بالا آن است که با دیگران چنان رفتار کنیم که دوست داریم با ما نیز متقابلاً رفتار شود. پس عالم عامل عاشق باشیم.

گفتار سی‌ودوم

پنج گروه که وجودشان در تیم کاری شما ضروری است

"تنهایی خوب است، می‌توانی درد و دل خود را برایش بگویی... نباید فراموش کرد که تنهایی به ما فرصت می‌دهد که به افکارمان برسیم، در خود غرق شویم و به مشکلات بیندیشیم، اما این‌طور نیست که تنهایی در تمام موارد بتواند به ما راه چاره‌ای نشان دهد!"

مدل ۵ ضلعی، الگویی برای مدیرانی است که قصد دارند تیمی رؤیایی در سازمان خود به‌وجود آورند. هر یک از این ۵ دسته دارای دیدگاه، و قابلیتهای مختلف هستند و هم‌افزایی آنها موجب افزایش شدید بهره‌وری گروه خواهد شد. البته مدیریت سازمان مرکز ثقل مدل ۵ ضلعی است و وظیفه‌ی او ایجاد روابط و هماهنگی و انگیزش اعضای گروه است.

اما ۵ گروه ذکر شده شامل چه کسانی می‌شود:

• **حامیان مشوق**: اینها کسانی هستند که از تشویق و تحسین سایرین دریغ نمی‌کنند. آنها شنونده‌ی بسیار خوبی هستند و در مدیریت انگیزش فوق‌العاده‌اند. آنها به دیگر اعضای گروه کمک می‌کنند تا مثبت‌اندیشی را

پیشه‌ی خود سازند. همگی ما نیازمند داشتن چنین افرادی هستیم تا گاهی حتی در زندگی غیرکاری نیز رفیق گرمابه و گلستان ما باشند.

• **چشمه‌های خلاقیت:** نام این عده با نوآوری و خلاقیت گره خورده است. آنها قادرند تا دیدگاه شما نسبت به مسائل را تا ۱۸۰ درجه تغییر دهند. همگی اعضای تیم باید از چشمه‌ی جوشان خلاقیت این افراد سیراب شوند. پیشنهادات نامتعارف و بدیع آنها می‌تواند شما را از بحران دور کند. آنها قادرند غیرممکنهای ذهنی بسیاری را در شما به ممکن تبدیل کنند.

• **گرگهای باران‌دیده:** اینها در زمینه‌ی کاری خود کارکشته هستند و به قولی چند پیراهنی بیش از سایر اعضای گروه پاره کرده‌اند. گرگهای باران دیده از قدرت پیش‌بینی خوبی برخوردارند و به دلیل تجارب و تخصص فراوان خود در آن زمینه‌ی کاری خاص می‌توانند موانع پیش رو را با دقت پیش‌بینی کنند. آنها همچنین نقشه‌خوانهای قابلی هستند و می‌توانند چراغ راهنمای شما در مسیر پیش رو باشند.

آنها همواره گوشه چشمی رو به جلو دارند و ممکن است برای مدیران آسوده خیال و تن‌پرور ایجاد مزاحمت کنند، چرا که همواره گروه را رو به جلو سوق می‌دهند.

• **چالشگران:** این عده سنگ محکی فوق‌العاده برای سنجش فرضیات و افکار شما هستند. چالشگران، شما را به فکر و تأمل بیشتر وامی‌دارند و همواره گوشه چشمی رو به پیشرفت و بهتر شدن دارند. چالشگران شبیه نور چراغی هستند که نقاط تاریک را روشن می‌کند؛ آنها می‌توانند ضعف‌های شما را برملا سازند.

• **جاده‌صاف‌کنهای رابطه‌ساز:** این گروه درست مثل سیم رابطی میان شما و دیگران هستند. آنها شما را به سایرین معرفی می‌کنند و بهترین افراد

برای توسعه‌ی کسب‌وکار شما هستند. آنها مسیر شما برای ارتباط با دیگران را بخوبی هموار می‌کنند و بویژه در ابتدای شروع یک کسب‌وکار تازه مفید هستند و از ملزومات موفقیت کسب‌وکارهای نوپا به شمار می‌روند.

در آخر باید بدانید که نمی‌توان به تنهایی از نردبان موفقیت بالا رفت. همه‌ی افراد موفق برای رسیدن به موفقیتهایی که به دست آورده‌اند، تا اندازه‌ای به دیگران تکیه می‌کنند. همه‌ی انسانها مهارتها، و استعدادها قابلیتهای متفاوتی دارند که وقتی با یکدیگر ترکیب شوند، به موفقیتی منحصربه‌فرد تبدیل می‌شود.

باز هم یادآور می‌شوم به نظر من بزرگترین اختراع بشریت ایجاد سازمان است و برای موفقیت سازمان، داشتن تیم و روحیه‌ی کار تیمی الزامی است.

می‌توانیم انسانهایی با تیپهای شخصیتی متفاوت باشیم، نظرات مختلف داشته باشیم، اما با درک روحیه‌ی تیم‌گرایی، مکمل هم در موفقیت سازمان باشیم.

گفتار سی‌وسوم

چگونه هوش‌بهر گروهی را ارتقا دهیم

به نظر شما چه چیزی یک تیم کاری را باهوش می‌سازد؟ به بیان دیگر، چه چیزی به یک گروه کمک می‌کند تا به حل مسائل پرداخته و راهکار بیابند؟ شاید تصور کنید که هوش‌بهر تیمی، میانگین ضریب هوشی تک تک اعضای گروه، و یا شاید میزان هوش زیرکترین افراد گروه باشد. اما پژوهشگرانی که بر روی ساختارهای گروهی مطالعه می‌کنند، نظری متفاوت دارند. در واقع هوش تیمی برآمده از مناسبات و تعاملات درون‌گروهی است.

هوش‌بهر گروهی را می‌توان درست همانند بهره‌ی هوشی افراد (IQ) اندازه‌گیری کرد و به آن نمره داد؛ ضریب هوشی تیمی، یک شاخص پیش‌بینی‌کننده‌ی دقیق برای برآورد عملکرد تیم در وظایف مختلف است. مطالبی که در پی می‌خوانیم، مروری بر هفت راهکار برای ارتقای عملکرد هوش‌بهر تیمی است:

۱ـ اعضای تیم کاری خود را با دقت و ریزبینی انتخاب کنیم

طبق پژوهشی که بتازگی در مجله‌ی معتبر ساینس (Science) به چاپ رسیده

است، هوشمندترین گروههای کاری متشکل از افرادی هستند که مهارتی مناسب در درک نشانه‌های اجتماعی یکدیگر دارند.

این پژوهش با تلاش پروفسور آنیتا ویلیامز وولی و در دانشگاه کارنژملون انجام گرفته است. یکی دیگر از یافته‌های جالب توجه این پژوهش آن است که گروههایی که دارای تعداد اعضای بیشتری از میان بانوان هستند، دارای بهره‌ی هوشی تیمی بالاتری هستند. احتمالاً دلیل این امر نیز حساسیت اجتماعی بالاتر زنان در قیاس با مردان است.

۲- همه برای یکی، یکی برای همه

اشتراک و تسهیم دانش را در اولویت قرار دهید. یافته‌های پرفسور ویلیامز نشان می‌دهد که اعضای تیمهای بسیار هوشمند بویژه در تعاملات و مذاکرات درونی خود فعالانه شراکت دارند و از تک‌صدایی پرهیز می‌کنند. اعضایی که در بحث غالب می‌شوند و یا در مقابل کسانی که در گپ‌وگفتها شراکت ندارند، در نهایت موجب کاهش هوش جمعی گروه می‌شوند.

۳- در مورد "چگونگی" صحبت کنیم

بسیاری از اعضای تیمهای کاری علاقه‌ای به اتلاف وقت بر سر صحبت در خصوص "فرایندها" ندارند و بیشتر مایلند تا مستقیم به کار خود برسند. با این حال نتایج پژوهش محققان حاکی از آن است که گروههایی که زمانی را به بحث در خصوص چگونگی همکاری با یکدیگر اختصاص می‌دهند در نهایت از بهره‌وری و اثربخشی بالاتری برخوردار خواهد بود.

۴- اطمینان حاصل کنیم که اعضا زمانی را به ملاقات رو در رو بگذرانند

نتایج تحقیقات میشل بنت و هوارد گارلین از دست‌اندرکاران ارشد مؤسسه‌ی ملی سلامت امریکا نشان از آن دارد که برطرف ساختن فاصله‌ی

فیزیکی افراد گروه بویژه به‌وسیله‌ی ملاقاتها و جلسات مستمر رو در رو و در درجه‌ی بعد با ابزار فناوری مثل ویدئوکنفرانس، موجب ارتقای ضریب هوشی تیمی می‌شود.

۵- ارتباطات اجتماعی غیررسمی را میان اعضای گروه خود تقویت کنیم

نتایج تحقیقات صورت سندی پنت‌لند، از اساتید دانشگاه ام‌آی‌تی (MIT) که حوزه‌ی تخصص وی پویایی‌شناسی گروه است، نشان می‌دهد که تیمهای فراهوشمند، زمان زیادی را صرف تعاملات غیررسمی و بیرون از جلسات و ملاقاتهای رسمی و سازمانی می‌کنند.

وی مثال یک مرکز پاسخگویی به تلفن را مطرح می‌کند که به‌سادگی توانسته محیطهای خشک کاری را با هم‌نشینی‌های غیررسمی به صرف چای و قهوه طراوت ببخشد. این ابتکار توانسته میزان رضایت شغلی و بهره‌وری افراد را افزایش دهد.

۶- کار را به قسمتهای کوچک تقسیم کنیم

گروههای هوشمند، وظایف کلان و بزرگ را به قسمتهای کاری کوچکتر تقسیم‌بندی می‌کنند و در بین اعضای خود توزیع می‌کنند. اینکه اعضای یک تیم با هم همکاری کنند، به معنای آن نیست که مدام باید پا در کفش یکدیگر کنند بلکه، باید هر کس گوشه‌ای از کار را متقبل شود. سیستم پاداش‌دهی خود را سروسامان دهید و به جای تشویق دستاوردهای فردی، به توفیقات گروهی پاداش دهید.

۷- برنامه‌های احتیاطی تدوین کنیم

گروههای با بهره‌ی هوشی تیمی بالا همواره از قبل موافقتنامه‌ای را امضا می‌کنند که حاوی نحوه‌ی تخصیص وظایف، شیوه‌ی توزیع پاداش و مزایا،

مشخص کردن مسئول پروژه، و پیش‌بینی برخی از مخاطرات پیش رو است.

گفتار سی‌وچهارم

مذاکره‌ی تلفیقی در مقابل مذاکره‌ی توزیعی با بهره‌گیری از استراتژی پرتقالی

بیشتر چیزهای که در زندگی به دست می‌آوریم، به پیروزی یا شکست در مذاکرات و گفتگوهایمان بستگی دارد. مذاکره درباره‌ی فریبکاری یا سود بردن یکجانبه از دیگران نیست بلکه، درباره‌ی دست‌یافتن به راه‌حلی مشترک برای یک مسأله است - راه‌حلی که نفع تمام طرفهای درگیر را در بر گیرد. مؤثرترین مذاکرات به روابطی ختم می‌شوند که برای دو طرف، سودمند و بادوام هستند و در طی آن، طرفهای مقابل به همدیگر اعتماد می‌کنند و درباره‌ی نحوه‌ی انجام معاملاتشان در عمل و نیز به‌صورت مکتوب، انتظاراتی مشترک از یکدیگر دارند.

به هر جهت، خیلی وقتها افراد چیزهایی را به شکل یک خواسته مطرح می‌کنند که اگر عمیقتر به آن توجه کنید، می‌توانید نیازها و خواسته‌هایی فراتر از آنچه را به ظاهر مطرح شده دریابید. برای مثال، ممکن است با صحبت با فردی که از شما درخواست حقوق بالاتری می‌کند، متوجه شوید که الزاماً نیاز مالی نداشته باشد و صرفاً به دنبال احساس ارتقای شغلی است؛ بنابراین، شاید بتوانید از روشهای دیگری که برای شرکت شما

کم‌هزینه‌تر باشد این حس را ارضا کنید.

ماجرایی معروف در این زمینه وجود دارد که به نام استراتژی پرتقالی شناخته می‌شود. به طور کلی استراتژی پرتقالی مرتبط با ایجاد رابطه‌ی برد- برد در مذاکرات است. داستان پرتقال و ماجرای برگرفته‌ی از آن، اقتباس از کتاب "دستیابی به پاسخ آری"، اثر فیشر و یوری، از اساتید برجسته‌ی دانشگاه هاروارد است. داستان را با هم مرور کنیم:

...کار به جاهای باریک و حالت انفجار نزدیک شده بود؛ چرا که دو دختربچه‌ی مدرسه‌ای برای دست یافتن به هدف مطلوب خود، از روشهای متخاصمانه استفاده می‌کردند، که البته به نفع هیچ‌یک از طرفین نبود. تنها یک پرتقال در خانه بود و هر دوی این بچه‌ها همزمان این پرتقال را می‌خواستند. آنها با رفتاری که در پیش گرفته بودند، خود را درگیر موقعیت باخت - باخت کرده بودند، و در نهایت پرتقال هم از دست می‌رفت. یا آنکه در بهترین حالت قدرت یکی از بچه‌ها بر دیگری می‌چربید و او برنده می‌شد و دیگری بازنده؛ ماجرای همیشگی بقای اصلح!

خوشبختانه مادر دو دختربچه با ایده‌ای نسبتاً خوب، اما ساده، از راه رسید تا میان آنها وساطت کند. قرار شد تا یکی از بچه‌ها پرتقال را از وسط قاچ کند و دیگری وظیفه‌ی انتخاب را بر عهده گیرد، ۵۰-۵۰!

این را کار در قیاس با چیزی که ممکن بود در اثر کشمکش و بگومگو پیش آید بسیار بهتر و مبتنی رابطه‌ی برد - برد بود.

به نظر این راهکار بسیار عادلانه می‌آمد، و هر یک از بچه‌ها ۵۰ درصد از چیزی را که می‌خواستند به دست می‌آوردند. با این حال احتمالاً راهکار بهتری نیز وجود داشته باشد که نتیجه‌ی آن دستیابی به توافقات عالیتر باشد، این راهکار مبتنی بر دو هدف عمده است: عدالت، و بهره‌وری.

در طول یک مذاکره، تقسیم عادلانه‌ی مزایا و ارزش‌آفرینی را فراموش نکنید. برای مثال، زمانی را که کودکان این داستان از روشهای تخاصم‌آمیز

استفاده می‌کردند و هر یک سودای پیروزی خود داشت را در نظر بگیرید. این قبیل مذاکرات از نوع گفتمانهای یک‌جانبه و تک‌بعدی هستند- زمانی که طرفین تمام پرتقال (سهم) را می‌خواهند. اما مشکل این قبیل مذاکرات اینجا است که اگر یکی از طرفین سهم بیشتری ببرد، دیگری به ناچار سهم کمتری خواهد برد.

اولین گام در حل این مسأله تغییر صورت آن است. بدین‌رو به جای اینکه اینطور فکر کنیم که هر کدام از این بچه‌ها ۱۰۰ درصد یک پرتقال را می‌خواهند، باید صورت مسأله را به این شکل بازتعریف کرد: هر دوی طرفین می‌خواهند به رضایت ۱۰۰ درصدی دست یابند. حالا ما مورد آنها را در حالت نموداری چندوجهی از رضایت داریم.

بدین ترتیب دیگر لزوماً اینکه یک طرف بازی را به نفع طرف مقابل واگذار کرده، درست نیست. حالا راهکار ارائه شده در سناریوی قبلی را به خاطر آورید. ما در آن حالت به هدف عدالت دست یافتیم (پرتقال به‌طور مساوی میان بچه‌ها تقسیم شد)، و هر دو طرف به ۵۰ درصد چیزی که می‌خواستند رسیدند.

اما وقتی این سناریو را روی نمودار می‌آوریم، خواهیم دید که احتمالاً باز جای بهبود وضعیت (افزایش بهره‌وری) وجود دارد:

برای بررسی بیشتر این مسأله و دستیابی به راه‌حل افزایش و بهینه‌سازی بهره‌وری، نگاهی عمیق‌تر به مجموعه‌ی اصول مبتنی بر منافع طرفین انداخته شد. بدین‌رو سؤالی ساده برای بچه‌ها (طرفین مذاکره) مطرح شد: "چرا پرتقال را می‌خواهید؟!"

جالب آنکه مشخص شد که دختر بچه‌ی اول اصلاً علاقه‌ای برای به دست آوردن پرتقال ندارد بلکه، او قصد پخت یک کیک را داشت که طبق دستور پخت، به پوست یک پرتقال برای عطر و رایحه‌اش نیاز داشت.

دختر دوم اما میوه را می‌خواست و در نهایت، قرار بود پوست آن را

دور بریزد. حالا با این توضیح، راه‌حل بهینه معلوم است! تمام پوست پرتقال را به دختر اول، و کل میوه را به دختر دوم می‌دهیم. اینگونه آنها به همه‌ی چیزی که می‌خواهند می‌رسند.

البته متأسفانه تمام مشکلات ما به همین سادگی هم نیستند؛ موارد واقعی، معمولاً پیچیده‌تر از این مسأله هستند.

این دست مسائل چیزی با عنوان مرز بهره‌وری و اثربخشی دارند، بنابراین بندرت می‌توان به ۱۰۰ درصد رضایت برای هر دو طرف دست یافت، اما تقریباً همیشه می‌توان به بازده بالاتر از ۵۰-۵۰ رسید. اهداف هوشمندانه به دنبال یافتن راهکاری منصفانه روی مرز بهره‌وری هستند؛ اما راهکار چیست؟

اولین فردی که توانست راهکاری را به طرفین مذاکره ارائه کند که هم منصفانه و هم کارآمد باشد، ریاضیدانی باهوش به نام جان نَش بود. ممکن است داستان زندگی او را در فیلم به‌یادماندنی "ذهن زیبا" دیده باشید. نش در سال ۱۹۹۴ مفتخر به دریافت جایزه‌ی نوبل شد. مهمترین یافته‌های او در قالب دو مقاله آمده است.

نش در مقاله‌ی اول خود می‌گوید که بدون تشریک مساعی، رقابت به یک عدم تعادل غیربهینه منجر می‌شود.

همان‌طور که در فیلم ذهن زیبا دیده‌ایم، جان نش مقاله‌ی خود را به استاد ریاضیات خود در دانشگاه ارائه می‌دهد. استاد به نش می‌گوید که نظریه‌ی او در مقابل یکی از نظریات ۱۵۰ ساله در اقتصاد قرار دارد؛ او به نظریه‌ی اقتصادی کلاسیک آدام اسمیت اشاره داشت که عقیده داشت رقابت به بهره‌وری منتهی می‌شود.

اسمیت می‌گفت که منفعت شخصی می‌تواند به‌وسیله‌ی بازار آزاد انجام گیرد و در نهایت مزایای آن نصیب عموم می‌شود. حالا چالش دیگر جان نش آن بود که چگونه میان یافته‌های خود و نظریات متداول اقتصادی

تفاهم برقرار کند.

هدف او نشان دادن نحوه‌ی حرکت از تعادل نش به گزینه‌ی بهینه بود.

نش در مقاله‌ی دوم خود می‌گوید که طرفین مذاکره با تشریک مساعی و همکاری می‌توانند از طریق بیشینه‌سازی سودمندی به راهکاری عادلانه و کارآمد دست یابند. همان‌طور که می‌دانیم، به‌طور کلی دو نقطه نظر عمده در مورد مذاکره شامل مذاکره‌ی توزیعی (Distributive) یا برد- باخت و مذاکره‌ی تلفیقی (Integrative) یا برد - برد می‌شود. مذاکره یا تعامل توزیعی روی منفعت انفرادی تأکید دارد. در اینگونه مذاکرات، منابع محدود فرض می‌شوند و هر کسی تلاش می‌کند تا سهم خود را به گونه‌ای منصفانه به دست آورد. مذاکره‌کنندگان توزیعی از اشتراک اطلاعات و یا ارائه‌ی غلط آن اجتناب می‌کنند و طرفین مقابل را به‌عنوان دشمنی فرض می‌کنند که باید شکستش دهند.

اما مذاکره‌ی تلفیقی یا مذاکرات منفعت‌محور بر منفعت مشترک و دوجانبه از طریق مشارکت جمعی در حل مسأله‌ی مشترک تأکید دارد. هدف مذاکره‌ی تلفیقی گسترش سهم طرفین است، به این صورت سهم بیشتری عاید تمام طرفین می‌شود. مذاکره‌کنندگان تلفیقی، اطلاعات را آزادانه به اشتراک می‌گذارند، و طرف مذاکره در نظر آنها شریک یا همگروه محسوب می‌شود. تعامل توزیعی مبتنی بر رابطه‌ی برد- باخت است، به این معنا که یکی از طرفین سهم بیشتری می‌برد و طرف مقابل مقدار کمتری را نصیب خود می‌کند. اما معامله‌ی مبتنی بر منافع، بر کشف منافع، نیازها، و تمایلات طرف مذاکره تأکید دارد. هدف مذاکره‌ی مبتنی بر منافع، بسط و تعمیم سهم طرفین است و سعی دارد تا حتی‌المقدور تمامی منافع مشترک را تأمین کند.

اغلب مذاکرات در مقاطعی تبدیل به تعامل توزیعی می‌شوند، بنابراین، پس از توفان فکری و بسط و تعمیم سهم طرفین در نهایت باید به تقسیم

منابع بپردازید. ماحصل کار این خواهد بود که شما با استفاده از هر دو استراتژی به نتایج بهتری دست خواهید یافت.

بدین‌رو به کارگیری توأمان این دو استراتژی، موجب بهینه شدن بهره‌وری و نیز عدالت می‌شود.

گفتار سی‌وپنجم

مهندسی اقناع،
برای تغییر ذهنیتها

رسیدن به کمال، همواره از دشواریهای زندگی است. قانع کردن دیگران نیز کم و بیش از این قاعده مستثنی نیست و مهندسی اقناع را می‌توان از دشوارترین مهارتهای شخصی برشمرد. اقناع مبتنی بر موارد بسیاری است که همگی گاه در یک لحظه رخ می‌دهند: هماهنگی کامل و بی‌نقص میان منبع، پیام، و مخاطب. به همین دلیل است که مهندسی اقناع را از مهارتهای دشوار می‌دانیم.

مقاله‌ی حاضر، اثری است در موضوع روانشناسی اقناع و آن را می‌توان عصاره‌ی تعداد زیادی از تحقیقات علمی صورت گرفته در این حوزه به شمار آورد. در اینجا به بررسی تعدادی از مهمترین و اثربخش‌ترین ترفندها در ایجاد پیامهای اقناع‌کننده پرداخته می‌شود، که هر یک حاصل کوششهای بسیاری در امر پژوهش و روانشناسی هستند:

۱ـ محکم و مستمر استدلال کنید

هر چه بیشتر استدلال کنید، پیامتان متقاعدکننده‌تر می‌شود. با این همه، پیام

نهایی باید جانب اعتدال را رعایت کند، به این معنا که کفه‌ی استدلال هر دو طرف باید تراز باشد و استدلالهای دوجانبه می‌تواند به توزین آن کمک کند. بنابراین به طرف مقابل نیز فرصت استدلال بدهید.

۲ـ ارتباط پیام با مخاطب را از یاد نبرید

پیامهای مجاب‌کننده یک ویژگی مشترک دارند و آن این است که از نظر شخصی با مخاطب مرتبط هستند. چنانچه پیامی غیرمرتبط را به افراد منتقل کنید، آنها نیز در مقابل گیرنده‌های ذهنی خود را به روی این پیام و حتی شما خواهند بست.

۳ـ اهداف جهانشمول را در پیامتان بگنجانید

زمانی که می‌خواهید پیامی را ساخته و پرداخته کنید، باید سه هدف جهانی را بشناسید و در پیامتان بگنجانید. این اهداف میان تمامی انسانها مشترک هستند و هر انسانی دست‌کم به یکی از آنها بها می‌دهد: وابستگی، دقت و صحت، و خودانگاره‌ی مثبت افراد.

۴ـ محبوبیت کسب کنید

خود را مورد توجه دیگران قرار دادن، ذاتاً چیز بدی نیست - امروزه اغلب افراد محبوب مثل بازیگران، سیاستمداران، و... برای آنکه خود را در دل مردم جا کنند، از این مهارت بهره می‌برند. تأکید بر شباهتهای موجود میان خود و مخاطب و نیز تحسین و تمجید به‌جای مخاطب، عاملی مهم در ارتقای محبوبیت شما است.

۵ـ اعتبار و اقتدار بیافرینید

مردم تمایل دارند تا دنباله‌رو و تسلیم نظر افراد خبره باشند، چرا که این

کار موجب می‌شود تا وقت زیادی از ما حفظ شود؛ اعتبار و مشروعیت خود را از تخصص و مهارتهایتان به دست آورید.

۶- آراسته باشید

جذابیت ظاهری، احتمالاً اولین چیزی است که در دیدارهای نخست به چشم افراد می‌آید و آنها را به ادامه‌ی تعامل یا صرف‌نظر کردن از آن وامی‌دارد.

۷- انطباق پیام و رسانه

قانونی هست که می‌گوید: اگر فهم پیامتان دشوار است، آن را مکتوب کنید و روی کاغذ بیاورید و اگر درک آن ساده است، پیام خود را به‌صورت فیلم و صدا درآورید.

۸- از پیش‌آگهی پرهیز کنید

لازم نیست با عباراتی نظیر "من سعی دارم شما را قانع کنم...'، موجب ایجاد دیوارهای تدافعی و جبهه‌گیری ذهنی مخاطبان شوید.

۹- آرامش پیشه کنید

اگر مخاطب به یک نقطه‌ی مشترک همدلانه با شما دست یافت، حالا لازم است تا استدلالهای خود را به آرامی و با دقت ارائه دهید. اما چنانچه مخاطب بر ضد شما است، در این موارد افرادی که تند حرف می‌زنند، می‌توانند بیشتر در مهندسی اقناع موفق باشند.

۱۰- تکرار کنید

خواه بیان شما درست باشد و خواه درست نباشد، به هر ترتیب تکرار آن

به حد کفایت رنگی از حقیقت را به آن می‌زند.

البته رعایت صداقت در این زمینه از پیش‌فرضهای مهندسی اقناع به شمار می‌رود.

۱۱ـ اصل تأیید اجتماعی

اصل تأیید و یا برهان اجتماعی از نظریه‌های ویلیام جیمز، از فلاسفه و روانشناسان شهیر امریکایی است. این اصل، به معنای اعتقاد به این است که هر چیزی که دیگران می‌گویند، لابد برهان و دلیلی پشت آن است. برهانهای اجتماعی مواردی هستند که ما به کرّات و به‌صورت روزمره، از یکدیگر می‌شنویم.

مردم دوست دارند همرنگ جماعت باشند، بدین رو، این موارد را به آنها گوشزد کنید و تأییدات اجتماعی را در راستای تأیید استدلال خود به کار ببندید.

۱۲ـ توجه را جلب کنید

زمانی که مخاطب التفاتی به شما نداشته باشد، نمی‌تواند به استدلالها و صحبتهای شما فکر کند، بنابراین نمی‌توان نگرش این مخاطب را تغییر داد. از این رو با استفاده از برخی از تکنیکها از جمله بالا و پایین کردن تُن صدا، و حتی دعوت به صرف چای و مواد کافئین‌دار مثل نوشابه و قهوه، حواس مخاطبان را گوش به زنگ کنید.

۱۳ـ از هدف گرفتن باورهای محکم و راسخ افراد بپرهیزید

نگرشها و باورهای سفت و سخت افراد را به زحمت می‌توان تغییر داد. بنابراین هیچ‌گاه به‌صورت مستقیم به باورهایی که افراد مدتها است به آن اعتقاد دارند نزدیک نشوید بلکه، به‌صورت غیرمستقیم اشاراتی به آن بکنید.

۱۴- احساس قدرت و اختیار خلق کنید

هم خود قدرتمند باشید و هم به مخاطب خود احساس قدرت بدهید تا با فراغ بال بیشتری به بحث و تبادل نظر با شما بپردازد.

۱۵- پیام خود را منطبق با احوالات و شرایط روانی مخاطبان درآورید.

برخی افراد از نظر روانی تمایل دارند تا استدلالهای با چارچوب منطقی و عقلایی را از شما بشنوند و برخی در مقابل بیشتر به جنبه‌های هیجانی و احساسی این استدلالها تأکید دارند؛ بنابراین این ملاحظات را در ساخت و تحویل پیام خود لحاظ کنید.

گفتار سی‌وششم

نظریه‌ی بازی‌نمایی (Gamification) در سازمان

ژان پیاژه، استاد برجسته و نام‌آور روانشناسی ژنتیک می‌گوید: "بازی، تفکر کودک است". علاقه‌مندم این جمله‌ی درخشان این شناخت‌شناس معاصر را (که چشم از جهان فرو بسته است)، گسترده کنم و بگویم تا پایان عمر، همه‌ی ما در حال بازی هستیم. تمامی آنچه انجام می‌دهیم "بازی" است، اما غفلت می‌کنیم و به آن می‌گوییم: "کار"، "خانواده"، "سازمان"، "جلسه"، و...

"نظریه‌ی بازیها" منظر دومی است که اریک برن، روانشناس صاحبنظر در این باره، موجی برانگیخت. بیل گیتس نیز از منظری دیگر به این موضوع پرداخته که کاملاً حرفه‌ای و عملیاتی است؛ او می‌گوید کارکنان مایکروسافت، دو خانه دارند: یکی منزل خودشان است، و دیگری اینجا (مایکروسافت). او دوست دارد مایکروسافت خانه‌ای باشد که کارکنانش در آن "بازی" می‌کنند و به صداقت می‌گوید: "کار نکنید، بازی کنید."

بدون تردید، بیل گیتس که اوج کسب‌وکارهای امریکا را از نزدیک شاهد است، می‌داند برای موفقیت در "بازار جهنمی رقابت" همواره باید در تکاپو بود. شما فرصتی ندارید تا لحظه‌ای غفلت یا کوتاهی کنید. اندک

تعللی در این "فشردگی دنیای رقابت"، شما را از دایره و گردونه‌ی کسب‌وکار خارج می‌کند. بدین ترتیب درمی‌یابیم باور بیل گیتس این است که شما هنگامی که "بازی" می‌کنید، تمام هوش و انرژی خود را شادمانه به کار می‌بندید تا "کاری" با سرعت، دقت، کیفیت به انجام رسد. در این حالت است، که هم لذت برده‌اید، و هم اقدامی مؤثر را به انجام رسانده‌اید.

عصب‌شناسان سال‌ها است توانسته‌اند جایگاه "شادی" را در مغز کشف کنند؛ آنها می‌دانند انسانها با "دریافت پاداش" به شادی می‌رسند. جالب آنکه، آنچه بیشترین "شادی" را نصیب آدمی می‌سازد، به پایان رساندن کاری است که خودش توأم با کارکرد کامل (full function) در فضایی دلپذیر انجام می‌دهد. با این توجه به بازی بنگریم. با این توضیح، به نظر می‌رسد دنیای آینده‌ی سازمانها، در فراهم‌سازی "بازیهایی" است که می‌توانند برای کارکنان طراحی کنند. سازمانهای "عقب مانده" آنهایی هستند که دستشان خالی از طراحی بازی برای کارکنان است.

به عقیده‌ی صاحبنظران، بازی جوهر زندگانی و پنجره‌ای به دنیای یادگیری است. هر فرد برای رشد جسمانی و روانی خود نیازمند اندیشه و تفکر است و بازی، خمیرمایه‌ی این اندیشه است. امروز بازیها از دنیای کودکی فاصله گرفته‌اند و وارد مباحث یادگیری، خلاقیت، و کار شده‌اند. از بازی کردن می‌توان بهره‌های مختلفی برد، از آموزش کارکنان سازمان و ارتباط بهتر با مشتری، تا بازاریابی، و بسیاری کاربردهای دیگر. آنچه بازیها و شبیه‌سازها را به چنین ابزار قدرتمندی برای ارائه‌ی آموزشهای سازمانی تبدیل کرده، این است که بازیها با جدیدترین اصول اثبات‌شده در حوزه‌ی اثربخشی یادگیری تطابق دارند. یادگیری حاصل از یک بازی جدّی، ناخودآگاه و بشدت اثربخش است. یادگیرنده (بازی‌کننده) هرگز به چگونگی یادگیری و کسب مهارتهای جدید فکر نمی‌کند بلکه، به سادگی به شرایطی که برای وی پیش آمده پاسخ می‌دهد. در یادگیری مبتنی بر بازی لازم

نیست که یادگیرنده تشخیص دهد چیزی آموخته است؛ زمانی که شرایط مشابه در دنیای واقعی برای وی رخ می‌دهد، مهارتهای خفته‌ی وی به کمک می‌آیند. یادگیری مبتنی بر بازی از تکنیکهایی است که می‌تواند به تسهیل و بهبود اجرای فرایندهای مدیریت دانش کمک کند.

برای مثال، شرکت زیمنس، به منظور گسترش کیفیت ارتباطات خود با کارکنان و مشتریان، شخصیتی به نام پیت را طراحی کرده است. زیمنس که از سازندگان قطعات صنعتی، فناوریهای برتر، نیروگاه، و... است، نام این بازی آنلاین را پلنت ویل (دهکده‌ی کارخانجات) گذاشته است.

در این بازی، پیت مدیرعامل کارخانه است، و حالا کارمندان زیمنس به کمک این بازی شبیه‌ساز می‌توانند در محیط بازی کارمند استخدام کنند، به کارمندان تازه‌وارد و حتی کهنه‌کار آموزش بدهند، تجهیزات بخرند، و حتی فرایندهای فروش را بهینه‌سازی کنند.

طبق اعلام زیمنس، هدف از ارائه‌ی این قبیل بازیها، آموزش به کارکنان، کمک به شناخت بهتر محصول، و بهینه‌سازی فرایندهای فروش است. این قبیل برنامه‌ها به کارمندان دیدی سازمانی و جامع‌نگر می‌بخشد و تعامل آنها با مشتریان را بهبود می‌دهد.

شرکتهای اتومبیل‌سازی از جمله نیسان نیز با اهداف گوناگون از جمله بهینه‌سازی مصرف سوخت بازیهایی را ارائه کرده‌اند. یکی از مزایای بازیها این است که می‌توان در آن بدون نگرانی به آزمون و خطای استراتژیهای مختلف پرداخت.

این پدیده‌ی نوظهور به نام بازی‌نمایی (Gamificatio) شناخته می‌شود، که مقصود از آن تبدیل فرایندهای جدّی به بازی است. بازی‌نمایی، به معنای استفاده از مدل تفکر مورد استفاده در بازیها و همین طور سازوکار بازیها در محیطهای غیرمرتبط با سرگرمی است تا کاربران (کارمندان) به انجام کارها و حل مشکلات تشویق شوند.

از بازی‌نمایی در بسیاری از حوزه‌های مرتبط با کسب‌وکار می‌توان بهره برد:

● جذب و گزینش نیرو

برای مثال، شرکت گوگل با نصب تعدادی بیلبورد که روی آن یک معمای دشوار ریاضی (بازی با اعداد) آمده بود، علاقه‌مندان را به حل این معماها فرا می‌خواند. افرادی که می‌توانستند این معما را درست حل کنند، در فهرست افراد واجد شرایط استخدام در گوگل قرار می‌گرفتند.

● آموزش به کارکنان

با ایجاد یک فضای تعاملی، قابلیتهای کار گروهی و تصمیم‌گیری جمعی افراد را بهبود می‌بخشد و کارکنان می‌آموزند منافعی را که اغلب در تضاد با یکدیگر هستند چگونه باید برای خود و گروه خود کسب کنند. امروزه شرکتهای بسیاری از جمله زنجیره‌ی هتلهای ماریوت با طراحی یک بازی به نام هتل ماریوت من (My Marriott Hotel)، به کارکنان خود نحوه‌ی صحیح انجام امور و تعامل درست با مشتریان را آموزش می‌دهند.

● ایجاد سازمانهای یادگیرنده

امروزه مفهومی که با پیچیده‌شدن سازمانها توجه بیشتری را به خود جلب کرده است، مفهوم سازمان یادگیرنده است. سازمانهایی که در آن افراد بر خلاف سازمانهای سنتی در مقابل تغییرات مقاومت نشان نمی‌دهند بلکه، همواره سعی دارند در حال تغییر و تحول باشند و محیط را با خود سازگار و همراه کنند. اگر سرعت یادگیری سازمانی و اجرا و پیاده‌سازی این سازمانها بیشتر از رقبا باشد، به سازمان تندآموز تبدیل شده‌اند.

یادگیری مبتنی بر بازی، به عنوان نسل بعدی یادگیری الکترونیکی در

راه است. تعداد روزافزونی از سازمانها به دلایل متنوعی از این شیوه استفاده می‌کنند. بازیها شیوه‌ای جذاب برای یادگیری هستند؛ فضایی امن و بی‌خطر فراهم می‌کنند تا یادگیرندگان بدون ترس از عواقب، در دنیایی شبیه دنیای واقعی تصمیم بگیرند و خطا کنند؛ بازیها محیطی امن هستند که امکان خطا را به فرد و گروه یادگیرنده می‌دهند.

● سیستم دریافت بازخورد و ایده از کارکنان
امروزه این بازیها امکان دریافت بازخورد و ایده‌های کارکنان در بخشهای مختلف را فراهم ساخته‌اند.

● تحریک خلاقیت و نوآوری
خلاقیت زیباترین و شگفت‌انگیزترین خصیصه‌ی انسان است. غنا و پویایی و بقای هر فرهنگ و تمدنی، به خلاقیت مردمان آن بستگی دارد و این واقعیت را تاریخ بارها به اثبات رسانده است. در جریان بازی است که نیروهای ذهنی و جسمی، یعنی: دقت، تخیل، نظم و ترتیب، چالاکی و غیره رشد می‌یابند و علاوه بر اینها بازی، محرک و انگیزه‌ای می‌شود در جهت کسب تجارب اجتماعی برای افراد.

● مدیریت تغییر
جهان همواره در حال تغییر و تحول است و ادامه‌ی حیات ذرات هستی در گرو همین تغییرات است. تغییر در همه‌ی پدیده‌های جهان جریان دارد و این تنها به طیف خاصی محدود نیست. تغییر پیش از پیدایش بشر وجود داشته و همیشه نیز وجود خواهد داشت. سازمانها و بنگاههای اقتصادی نیز در دنیای پرشتاب امروزی دائماً در حال تغییر و تحول هستند و سازمانهایی می‌توانند باقی بمانند که برای بقای خود مزیت رقابتی به وجود

آورند.

با این همه، ایجاد و مدیریت تغییر در سازمان از وظایف بسیار دشوار است، که می‌توان به مدد بازی‌نمایی راه را برای آن هموار ساخت. بازیها قادرند الگوهای به اصطلاح فسیل شده در مغز افراد را درهم شکنند و به کارکنان قدرت انعطاف دهند. یادگیری مبتنی بر بازی، جذاب و تعاملی است و بشدت افراد را درگیر می‌کند و تغییرات نگرشی و رفتاری عمده‌ای ایجاد می‌کند.

گفتار سی‌وهفتم

بهره‌گیری از روش دلفی در آینده‌نگاری فناوری (Technology Foresight)

آینده‌پژوهی از جمله مباحث نوینی است که در فضای عدم قطعیت حاکم و آشوبناک کنونی، بخوبی پاسخگوی نیاز فضای مدرن کسب‌وکاری است. آینده‌پژوهی در فرایند برنامه‌ریزی، مدیریت راهبردی و مدیریت ریسک کاربرد دارد و از طرفی امروزه در پیش‌بینی مشاغل مورد نیاز آینده نیز مورد استفاده است.

آینده‌نگاری فناوری نیز یک روش برای آینده‌پژوهی و پیش‌بینی به‌منظور تشخیص و شناسایی محتمل‌ترین ابداعات آتی بشر و توسعه‌ی فناوری در آینده است. این روش امروزه از ابزارهای بسیار سودمند برای دستیابی به هوشمندی راهبردی به شمار می‌رود.

دو هدف عمده از آینده‌نگاری فناوری عبارت است از:

۱- تشخیص و شناسایی فناوریهای پرمنفعت (چه از نظر اقتصادی، اجتماعی یا سیاسی) نوظهور در آینده.

۲- شناسایی حوزه‌های آتی مرتبط با پژوهشهای راهبردی.

آینده‌نگاری فناوری رویکردی نوین در دست دولتها و سازمانها برای

خلق ثروت، حاکم کردن تفکر استراتژیک، و نیز کسب مزیت رقابتی است، چرا که با خلق یک پایگاه اطلاعاتی قوی، کمک شایان توجهی در جهت ترسیم افق بلندمدت و تدوین استراتژیهای هوشمند سازمانی می‌کند.

در تعریف کلاسیک اصطلاح آینده‌نگاری فناوری می‌خوانیم: "اقداماتی نظام‌مند برای مشاهده‌ی آینده‌ی بلندمدت علم، فناوری، اقتصاد و اجتماع، با هدف شناسایی فناوریهای در حال ظهوری که احتمالاً بیشترین منافع اجتماعی و اقتصادی را با خود به ارمغان دارند." این تعریف نشان‌دهنده‌ی درجه‌ی بالای اهمیت آینده‌نگاری فناوری در بحث کسب‌وکار و مقوله‌های سازمانی است، چرا که نمی‌توان به هیچ عنوان فناوری را از کسب‌وکارهای مدرن جدا دانست. فناوری بستری برای ایجاد و رشد کسب‌وکارهای مدرن است و مسیر را برای بالندگی اقتصادی هموار می‌کند.

در جریان پروژه‌های آینده‌نگاری، هم ایجادکنندگان و هم کاربران دانش و فناوری در سیستم نوآوری گرد هم می‌آیند تا چشم‌اندازی مشترک از توسعه‌های آتی را به دست آورند. دامنه‌ی زمانی پیش‌بینی‌ها معمولاً بین ۱۰ تا ۳۰ سال است، یعنی می‌توان به کمک این روش وضعیت ۱۰ الی ۳۰ سال آینده‌ی فناوری را ترسیم کرد.

این رویکرد ابتدا در دهه‌ی ۷۰ میلادی در ژاپن به کار گرفته شد. بعدها کشورهای اروپایی در دهه ۹۰ میلادی با اتخاذ رویکرد آینده‌نگاری فناوری، به پیشرفتهای قابل توجهی دست یافتند و امروزه این روش ابزاری متداول و رایج در این کشورها به شمار می‌رود. در واقع بسیاری از کشورها به‌منظور پیشبرد و توسعه‌ی فرایند صنعتی‌سازی کسب‌وکارهای خود، از این شیوه بهره می‌برند و با تدوین استراتژیهای مبتنی بر اطلاعات پیش‌بینی شده، اقدام به هدایت سازمانها و شرکتها در زمینه‌ی فناوریها، مدیریت فعالیتهای مبتنی بر فناوری و نوآوریها و روندهای آتی می‌کنند و بدین وسیله، میزان ریسک و عدم قطعیت را کاهش می‌دهند. امروزه روش

آینده‌نگاری فناوری به‌وسیله‌ی بسیاری از کشورها حتی کشورهای رو به توسعه به کار می‌رود؛ فیلیپین، هند، اندونزی، تایلند، مجارستان، نیجریه، ایرلند، بولیوی، ونزوئلا و جمهوری چک از جمله‌ی این کشورها هستند.

از طرف دیگر یکی از وجوه بااهمیت پدیده‌ی آینده‌نگاری فناوری این است که دانشگاهیان و اهالی بازار را گرد هم می‌آورد، چرا که پیش‌بینی و مهندسی هوشمند آینده بدون حضور مشترک و هم‌اندیشی این دو طیف امکان‌پذیر نیست.

آینده‌نگاری فناوری با پر کردن شکاف میان این دو طیف، موجب ایجاد و تحکیم روابط دانشگاه و بازار می‌شود و بدین وسیله آگاهی اجتماعی و اقتصادی را نسبت به وقایع آتی ارتقا می‌بخشد.

روشهای مختلفی برای مطالعه‌ی آینده و آینده‌پژوهی وجود دارد. این روشها نوعاً برآمده از علوم مدیریتی هستند، بدین‌رو ابزاری سودمند و راهبردی برای هدایت و راهبری رویدادها و روندهای کسب‌وکار به سمت آینده‌ای مطلوب به شمار می‌روند. رایج‌ترین رویکرد آینده‌نگاری اجرای پیمایش دلفی به همراه سمینارها و پنلهای تخصصی است. روش دلفی در میان تعداد زیادی از متخصصان با زمینه‌های مختلف (دانشمندان، مأموران دولتی، تجار و کسبه، بازاریابان، و...) اجرا می‌شود.

روش دلفی رویکردی مبتنی بر هوش جمعی و روشی برای یافتن بهترین پاسخها است. دلفی نام معبدی باستانی در یونان قدیم بوده، جایی که یونانیان آن را مرکز زمین می‌پنداشتند و ارزش بسیاری برای آن قائل بودند. معبد دلفی مکانی برای تشکیل جلسات سناتورهای یونان باستان بوده که در آن مشکلات کشور به رأی دانشمندان گذاشته می‌شد. اصطلاح دلفی بعدها به‌عنوان یکی از روشهای قابل اتکا و معتبر آینده‌پژوهی شناخته شد؛ تکنیکی که راهگشای بسیاری از دغدغه‌های آتی است. روش دلفی مبتنی بر هوش جمعی و توفان فکری و در واقع اجماع صاحب‌نظران روی مسأله‌ای خاص

است که از آن می‌توان برای دستیابی به بهترین گزینه‌ی محتمل بهره برد.

به هر ترتیب روش دلفی به‌عنوان یکی از رویکردهای مطرح آینده‌پژوهی دارای ۸ مرحله‌ی اساسی است:

۱- تعیین موضوع، به منظور بررسی آینده‌ی ممکن، محتمل و مطلوب آن. (مانند آینده‌ی تبلیغات).

۲- طراحی یک پرسشنامه به عنوان ابزار گردآوری داده.

۳- انتخاب تعدادی از متخصصان (پاسخگویان) که نظرات‌شان مورد مطالعه و بررسی قرار گیرد، بویژه افراد صاحب‌نظر در موضوع در نظر گرفته شده.

۴- ارزیابی اولیه‌ی نظرات پاسخگویان به‌وسیله‌ی ابزار پرسشنامه.

۵- سازماندهی و چکیده‌برداری اولیه از اطلاعات برآمده از ارزیابیهای اولیه.

۶- انتقال نتایج ارزیابیهای اولیه به‌عنوان بازخورد به همه‌ی پاسخ‌دهندگان.

۷- ارزیابی مجدد عقاید و نظرات متخصصان پس از آنکه آنها از نظرات سایرین مطلع شدند، چرا که ممکن است نظرات برخی در این مقطع با توجه به اطلاعات اضافی که کسب کرده‌اند تغییر کند.

۸- و بالاخره تحلیل، تغییر و ارائه‌ی اطلاعات و نگارش گزارش نهایی.

گفتار سی‌وهشتم

تبدیل اطلاعات مشتری به نوآوری

این تناقض عصر اطلاعات است، انبوهی از اطلاعات که هر روز سرمان آوار می‌شود و پرده‌ای مقابل بینش درست ما می‌کشد. اطلاعات باید موجب نوآوری شود، اما این وضعیت به شرطی محقق می‌شود که راهبردی برای گردآوری و استفاده از این اطلاعات و داده‌ها وجود داشته باشد.

شرکتهای فکور و دارای اندیشه، اطلاعات مشتریان خود را از طریق سه مرحله گردآوری می‌کنند؛ نوآوری و ابتکار با کشف و شهود آغاز می‌شود، یعنی زمانی که یک نوآور با موشکافی متوجه وجود مسأله و مشکلی حائز اهمیت می‌شود که نیاز است تا این مشکل به نوعی مرتفع شود. در این بخش از فرایند، ضروری است تا میزان حداقلی از اطلاعات موجود باشد.

در حالی که شرکتها بیش از پیش از تجزیه‌وتحلیلهای مفصل برای انجام درست قیمت‌گذاری، بسته‌بندی، و ارتقای عملکرد محصول بهره می‌برند، اما هنگامی که بحث سر یافتن ایده‌های بزرگ بعدی می‌شود، این تحلیلها کار چندانی از پیش نمی‌برند. به علاوه، تنها اطلاعات و داده‌های قدیمی

و مربوط به گذشته موجود است - کشف فرصتهای بکر و مشتری است که او به‌سادگی قادر به بیان آن نیست.

معمولاً مصرف‌کنندگان هنگام گزارش چیزهایی که در حال حاضر می‌خواهند یا کارهایی که اکنون مشغول انجامش هستند، و به همین ترتیب، چیزهایی که ممکن است روزی بخواهند یا کارهایی که ممکن است در آینده انجام دهند، خیلی خوب عمل نمی‌کنند.

شرکت پراکتراندگمبل، شهرت خود را مرهون تعهد عمیق خود به این قبیل رویکردهای مردم‌شناسانه و شناخت عادات و روحیات آنها است. برای مثال، اویل سال ۲۰۰۰ میلادی بود که پراکتراندگمبل به بررسی عادات شستشوی مصرف‌کنندگان هندی پرداخت که با دست رختشویی می‌کردند. در نگاه اول این کشور به نظر محل مناسبی برای توسعه‌ی بازار نمی‌آید، چرا که بعید است که این مصرف‌کنندگان که لباسهای خود را با دست می‌شویند، پودرهای مخصوص ماشینهای لباسشویی خریداری کنند. با وجود این، کسانی که به‌صورت دستی لباس می‌شستند، ٪۸۰ کل بازار خانگی شستشوی لباس را به خود اختصاص می‌دادند، از این رو، این بازاری نبود که به این راحتیها بتوان نادیده‌اش گرفت. پراکتراندگمبل دریافت که بسیاری از این مصرف‌کنندگان برای شستشوی دستی لباس از پودرهای ماشین لباسشویی شیمیایی استفاده می‌کنند چرا که این پودرها خاصیت تمیزکنندگی بالاتری دارند. گرچه، فرمولاسیون شیمیای این پودرها مناسب و هماهنگ با پوست دست نیست و ممکن است موجب ایجاد سوختگی یا ساییدگی پوست دست شود.

اینجا بود که نوآوران وارد عمل شدند تا راه چاره‌ای برای این مشکل بیابند. راه‌حل پراکتراندگمبل در هند، محصولی با عنوان تاید نیچرالز (Tide Naturals) بود؛ فرمولاسیون این پودرها به گونه‌ای بود که بخوبی پودرهای ماشین لباسها شسته و تمیز می‌شد، ضمناً آثار جانبی این قبیل

پودرها را هم نداشت.

با دخیل کردن مشتری در فرایند طراحی و ارائه‌ی محصول می‌توان به اطلاعات گرانبها و نابی دست یافت. برای مثال، چهار سال قبل، یک شرکت هندی به نام گودرج بویس (Godrej Boyce) روی ایده‌ی یخچالی جمع‌وجور کار می‌کرد که انرژی خود را از طریق باتری به دست می‌آورد. قرار بود این یخچال به دست ۸۰ درصد از مردم هند برسد که یخچال نداشتند.

گروهی که بر روی این ایده کار می‌کرد، نمونه‌ی اولیه از این یخچال را به یک دهکده‌ی روستایی برد و در معرض دید ۶۰۰ خانم قرار داد. اما جالب آن بود که این رویداد راه میان‌بُری برای دستیابی به بازخوردهای سریع بود و به شرکت اجازه می‌داد تا طرح این یخچال را با همکاری این زنان تکمیل کند. همین‌جا بود که رنگ نهایی برای این دستگاه انتخاب شد. نظر این ۶۰۰ خانم آن بود که یخچال به رنگ سرخ یاقوتی باشد، همانند جواهری در خانه‌ها.

پراکتراندگمبل نیز دارای تعدادی سازوکار برای تسهیل این روش دریافت درونداد و اطلاعات خالص است، مانند پروژه‌ی خانه‌ی آینده و فروشگاه آینده، طرحهایی ویژه که در ۳۰ مایلی شمال دفتر مرکزی شرکت قرار دارند، و نیز شبکه‌های مجازی مثل Vocalpoint، که صدها و بلکه هزاران مادر خانه‌دار در خصوص محصولات پراکتراندگمبل بازخورد می‌دهند. از طرفی دعوت از مصرف‌کنندگان واقعی به دفاتر پراکتراندگمبل، روالی رایج در این شرکت است.

مرحله‌ی آخر در این فرایند، آزمون پی‌درپی یک ایده به‌وسیله‌ی پیاده‌سازی آزمایشهای تجربی هوشمندانه به منظور آزمودن فرضیات کلیدی در خصوص محصول مورد نظر است. آیا محصول (یا خدمت) طراحی شده مشکل مورد نظر مصرف‌کننده را برطرف می‌کند به گونه‌ای که موجب

تکرار مصرف و خرید مجدد از سوی او شود؟ آیا مشتریان در قیمت تعیین شده حاضر به خرید می‌شوند؟ آیا ایده‌ی مذکور را می‌توان به گونه‌ای معقول و به مقیاس عرضه کرد؟

آیا انجام این پروژه چرخ اقتصادتان را خواهد گرداند؟ در حالت ایده‌آل، انجام تستهایی با هدف استخراج پاسخ اینگونه سؤالات در محیط روزمره‌ی افراد انجام می‌شود. ارائه و معرفی ایده‌های اولیه به مشتری، به‌منظور دریافت بازخورد آنها، اطلاعاتی ارزشمند و حیاتی را در اختیار ما قرار می‌دهد که به افزایش نرخ موفقیت و مانایی نوآوری کمک می‌کند.

تعدادی روش برای تولید این قبیل دروندادها و داده‌های واقعی وجود دارد. بسیاری از شرکتها، از رویارویی با مصرف‌کننده برای امتحان مفاهیم و ایده‌های جدید از کارکنان خود به عنوان مشتری و در همان محل کارخانه استفاده می‌کنند. برای مثال، دفتر مرکزی یونیلور در هند خیابانی کوچک را در خود جای داده است که دارای تعدادی مغازه و دکه‌ی فروش محصولات یونیلور است و بدین وسیله ایده‌ها و بازخوردهای مشتریان را که این بار خود از کارکنان شرکت هستند، گردآوری می‌کند. شرکتهای موسوم به بازاریابی شرکتی می‌توانند با انجام آزمایشات بازار به‌وسیله‌ی مشتریان منتخب یا حتی برپاساختن استندها و غرفه‌های مختلف در کنفرانسهای صنعتی به‌منظور اندازه‌گیری علاقه‌مندی مدیران به ایده‌های جدید خود، این ایده‌های بزرگ را به صنف مورد نظرشان معرفی کنند. از آنجا که هدف یادگیری است، شرکتها می‌بایست از سادگی و صراحت آزمونهای خود اطمینان حاصل کنند. ابزار پذیرفتی و به‌صرفه‌ی آنلاین مانند Linkedin، elance.com، Survey monkey، wix، Amazon's Mechanical Turk، Appmkr.com و نیز Google sketch up می‌توانند تکمیل بخش آزمایشهای مؤثر باشند و آنها را اثربخش‌تر، سریعتر و به‌صرفه‌تر کنند.

شرکتهایی که درصدد گردآوری رسمی‌تر اطلاعات توأم با نوآوری

هستند باید سه نکته‌ی سهل و آسان را برای شروع در نظر داشته باشند:

۱- از همه‌ی اعضای شرکت بخواهید تا زمان بیشتری را صرف گذران وقت با مشتری کنند - ممکن است سازمان شما زمان زیادی را به این کار اختصاص دهد، اما احتمالاً کافی نیست.

۲- روشهای ساده‌ای را بیابید تا حرف بیشتری را از مشتری بیرون بکشید. ایجاد یک پنل کاربری یا جامعه‌ی مجازی، شبیه چیزی را که Communi Space ارائه می‌کند، مدنظر داشته باشید.

۳- یک آزمایشگاه برای آزمودن ایده‌های جدید و کوچک راه‌اندازی کنید، سازوکاری که به‌وسیله‌ی آن می‌توانید به‌صورت گزینشی ایده‌های اولیه را به بازار معرفی کنید. برای مثال، کاربران در beta6200hxtimes، می‌توانند پروژه‌های در دست اجرای شرکت نیویورک تایمز را از پیش مورد آزمون قرار دهند. این کار مسلّماً به نوآورتر بودن و کاربردی بودن محصول نهایی کمک خواهد کرد.

گفتار سی‌ونهم

۱۰ راهکار برای آنکه شبیه نوآورترین سازمانهای دنیا باشیم

شرکتهای نوآور همواره دنباله‌روی خط فکری متفاوت و منحصربه‌فرد هستند. گفتار حاضر، مروری است بر چگونگی نهادینه‌سازی فرهنگ خلاقیت در سازمانها. گاه در تعریف نوآوری دچار ساده‌انگاری می‌شویم و آن را تنها مترادف با تولید محصولات یا خدمات جدید فرض می‌کنیم. حال آنکه منظور از نوآوری، بهینه‌سازی فرایند تولید، یا فروش محصولات، و یا ارتقای تجربه‌ی ناشی از مصرف این محصولات و خدمات است. به‌طور خلاصه نوآوری یک تغییر مثبت قابل توجه است. این تغییر می‌تواند در محصولات، خدمات و یا فرایندها صورت پذیرد و یا روی فرایندهای مدیریت مصرف‌کنندگان اعمال شود.

بتازگی مؤسسه‌ی بهره‌وری سازمانی، نتایج پیمایش تحقیقاتی خود روی برخی از نوآورترین افراد و سازمانهای مختلف در حوزه‌های کسب‌وکار و خلاقیت را منتشر کرده است.

آنچه در پی می‌خوانیم، چکیده‌ای از یافته‌های محققان مرکز بهره‌وری است که نقشه‌ی راه سازمانها برای دستیابی به نوآوری است.

۱- از فناوری برای تشریک مساعی و تسهیم دانش بهره ببریم

همیاری و تشریک مساعی، موتور محرکه‌ی خلاقیت و نوآوری است. برای مثال، فناوریهای مرتبط با کنفرانسها و همایشهای مجازی و رسانه‌های اجتماعی می‌توانند افراد را گردهم آورند (به‌صورت مجازی) و زمینه را برای تشریک مساعی بیشتر آنها فراهم کنند.

۲- نوآوری را به عنوان یک ارزش سازمانی تقویت کنیم

شرکتهای نوآور فعالیتهای خود را محدود به استخدام افراد خلاق نمی‌کنند بلکه، آنها دسته‌ای از افراد خلاق و یا حتی غیرخلاق را در بستر فرهنگ خلاقیت‌پرور خود پرورش می‌دهند.

۳- نوآوری را به عنوان یکی از قابلیتهای رهبری سازمانی در نظر بگیریم

داشتن رهبران و مدیرانی که برای خلاقیت ارزش قائلند و خود نیز خلاق هستند، به‌عنوان یکی از اجزای سازنده‌ی فرهنگ نوآوری در سازمان به شمار می‌رود.

۴- سیستم پاداش خود را مبتنی بر نوآوری تعریف کنیم

قدردانی از نوآوری نشانگر ارزش قائل شدن برای فرهنگ خلاقیت است. سیستم پاداش مناسب، بسترهای لازم برای رشد و بالندگی فرهنگ نوآوری در سازمان را تقویت می‌کند.

۵- فرهنگ "ایده‌یابی" و "فرصت‌یابی" را نهادینه و برای آن برنامه تهیه کنیم

شرکتهای نوآور سیستمی را در سازمان خود پیاده‌سازی می‌کنند که بخوبی می‌تواند از هوش جمعی کارکنان بهره ببرد. در این سیستم افراد حق دارند

تا ایده‌های خود را آزادانه با هم به اشتراک بگذارند.

۶- از پروژه‌های خارج از سازمان حمایت مادی و معنوی به عمل آوریم

شاید چنین کاری به نظر غیرمعقول برسد، اما عصر حاضر دوره‌ی سازمانهای بدون مرز است. مرزهای بازار رو به کمرنگ شدن گذاشته، و همکاریهای راهبردی میان سازمانها به روشی برای بقا در محیط بشدت رقابتی تبدیل شده است.

۷- خلاقیت را آموزش دهیم

خلاقیت و نوآوری ذاتی نیستند و قابل اکتساب هستند. مهارتهای تفکر خلاق قابل آموزش هستند و بسیاری از شرکتهای نوآور روی برنامه‌های آموزشی خلاقیت سرمایه‌گذاری می‌کنند.

۸- یک فرایند پالایش برای ایده‌های نوآورانه ایجاد کنیم

حتی بهترین ایده‌ها باید پالایش شوند تا پرورش یابند و در نهایت ایده‌های انتخاب شوند که بیشترین تأثیر را در توسعه‌ی بازار داشته باشند.

۹- مغزهای خلاق را استخدام کنیم

امروزه تأکید سازمانها از جذب افراد نخبه‌ی ذهنی و کمّی‌گرا، به جذب نخبگان خلاق معطوف شده است. البته یادآور می‌شود که ایجاد فرهنگ سازمانی نوآور می‌تواند مغزها را به سمت و سوی اندیشه‌ی خلاق جهت دهد.

با این همه در این مورد چینش کارکنان در کنار یکدیگر از اهمیت وافری برخوردار است، چرا که بسیاری از افراد نواندیش قادر به همکاری با همقطاران خلاق خود نیستند و در تشکیل گروههای کاری باید نهایت

دقت را به خرج داد.

۱۰ـ فراموش نکنیم که دخیل کردن افراد خلاق در کارهای معنادار بهترین پاداش برای آنها است

افراد خلاق نیاز به استقلال عمل دارند تا به این وسیله چشمه‌های خلاقیت خود را احیا کنند. آنها را در کارهایی سهیم کنید که از جذابیت کافی برایشان برخوردار باشد و بتوانند بخوبی خلاقیت خود را چاشنی کارهایشان کنند.

گفتار چهلم

به نوآوری صرفاً به عنوان یک وظیفه‌ی درون‌سازمانی نگاه نکنید

حدود یک دهه پیش استاد مطرح دانشگاه هاروارد، مایکل پورتر، در اظهارنظری اعلام کرد که نوآوری موضوعی محوری در شکوفایی اقتصادی است. همچنین پیتر دراکر گفت: کسب‌وکار دو چیز بیشتر نیست؛ بازاریابی برای کسب رضایت مشتریان امروز و نوآوری برای کسب رضایت مشتریان فردا و این دو جدا از هم نیستند.

چند سال بعد استیو جابز در باب اهمیت روزافزون نوآوری گفت: "آنچه یک پیشرو و پیرو را از هم جدا می‌کند، نوآوری است." امروزه نوآوری در صدر فهرست اولویتهای کاری هر مدیرعاملی قرار دارد و بودجه‌های فراوانی صرف برگزاری کنفرانسهای مختلف به‌منظور ایجاد و بسط فرهنگ نوآوری می‌شود. اما وقتی به بازار نگاه می‌کنیم، می‌بینیم که نوآوری جایگاه شایسته‌ی خود را ندارد.

مشکل اینجا است که رهبران کسب‌وکار جای درستی را برای جستجوی نوآوری انتخاب نکرده‌اند. به نظر می‌رسد خیلی از مدیران شرکتها، ناخواسته این جمله‌ی انیشتین را سرلوحه‌ی کار خود قرار داده‌اند

که "راز نوآوری این است که منابع خود را پنهان کنید." این جمله در فضای رقابتی روزگار ما که رسانه‌های اجتماعی قلمرو زندگی خصوصی افراد را کمتر و کمتر می‌کنند، دیگر کاربردی ندارد. دیگر نمی‌توان در سازمان را به روی همه بست و از تعداد محدودی از افراد خواست که ایده و طرح نوآورانه ارائه دهند. امروزه فاصله‌ی میان نوآوری سازمان و نوآوری مصرف‌کننده به حداقل و حتی صفر رسیده است و این دو عبارت مترادف یکدیگر هستند.

نیاز به استفاده از نوآوری مصرف‌کنندگان باعث به وجود آمدن مفهومی به نام خلق مشترک (co-creation) شده که این مفهوم، تعاریف سنتی درباره‌ی نوآوری را کاملاً از بین می‌برد؛ به‌عبارتی مصرف‌کننده‌ها از همان ابتدا بخشی از فرایند ایجاد نوآوری هستند. با مشتریان و مصرف‌کنندگان ارتباط بیشتری داشته باشید و با به‌کارگیری روشهایی چون مصاحبه‌های عمیق و جلسات توفان مغزی آنان را در نوآوریهای سازمان شریک سازید.

خلق مشترک نوعی قرارداد برد - برد است. از طرفی دیگر لازم نیست شرکتها ایده‌ای را با هزینه‌های بالا در بازار آزمایش کنند و در صورتی که پاسخ مثبت دریافت کردند، به تولید روی بیاورند، چون در این فرایند خود مصرف‌کننده یا بهتر بگویم نیاز مصرف‌کننده، محرک خلق ایده است. از طرفی مصرف‌کننده‌ها هم در این میان برنده هستند. تفاوت مصرف‌کننده با تولیدکننده، این است که مصرف‌کننده به فکر سود، نقدینگی، بازگشت مالی و... نیست بلکه، همین که صدای او شنیده شود و ایده‌ی او عملی شود، راضی و خشنود خواهد بود.

شرکتهای بزرگ این نیاز بازار را بخوبی درک کرده‌اند و از سرمایه‌گذاری خود نتیجه هم گرفته‌اند. شاید یکی از جدیدترین و جالبترین نمونه‌ها سامسونگ باشد که پوشش خبری مسابقات المپیک ۲۰۱۲ را بر عهده‌ی مشتریان خود گذاشته بود. در این طرح، تعدادی از مشتریان سامسونگ با

استفاده از وسایل این برند و البته با استفاده از خلاقیت خود رخدادهای المپیک لندن را برای جهانیان مخابره می‌کردند.

همان‌طور که ملاحظه می‌کنید، نوآوری تمام فعالیتها و عملکردهای سازمان را شامل می‌شود. نوآوری فقط به محصولات و تنوع آنها خلاصه نمی‌شود بلکه، نوآوری در شیوه‌های ارتباطات، نوآوری در فروش، نوآوری در قیمت‌گذاری و تسویه حساب، و خلاصه نوآوری در تمام فعالیتهایی مد نظر است که منجر به شناسایی، شناساندن، و ارتقای خشنودی زنجیره‌ی ارزش‌آفرینی می‌شود.

نوآوری تمامی اجزای زنجیره‌ی ارزش‌آفرینی سازمان شامل تأمین‌کنندگان، واسطه‌ها، کارکنان، و... را هم شامل می‌شود. پس با تک‌تک این حلقه‌ها تماس بگیرید و از آنها برای یافتن و تجاری‌سازی ایده‌ها کمک بگیرید.

پیوست

▼

عناوین مطالب سایر کتابهای مجموعه‌ی ۴۰ گفتار

- اهمیت سه اصل در کسب‌وکار بازاریابی و فروش
- هفت مهارت پایه برای آنها که می‌خواهند بازاریاب خوبی باشند
- نانومارکتینگ
- بازاریابی کاغذی در برابر دیجیتالیسم
- بازاریابی اجازه‌ای نقطه‌ی مقابل بازاریابی وقفه‌انداز
- بازاریابی تجربه‌آفرین
- بازاریابی قبیله‌ای: قبیله‌های مدرن
- بازاریابی ویروسی
- بازاریابی ورزشی
- بازاریابی با طعم فیلم
- بازاریابی سیاسی
- مروری بر قدرت بازاریابی سیاسی در فیلم "نه"؛ (رویدادهای شیلی: پینوشه و آلنده)

بازاریابی گردشگری

- ۱۰ فرمان بازاریابی گردشگری
- مروری بر انواع روشهای تبلیغات
- أگیلوی؛ تبلیغات به سبک مدرن
- ۱۰ فرمان تبلیغات و فروش از اسطوره تبلیغات؛ ویلیام برنباخ
- چگونه از آب کره بگیریم؟ آشنایی با تکنیکهای تبلیغات غیرمتعارف
- تبلیغات غافلگیرانه (Ambush Advertising)
- شش اصل پایه در تبلیغات بیلبوردی
- تبلیغات محیطی و نورومارکتینگ
- تبلیغات عصب‌پایه؛ نوروادورتایزینگ
- چگونه در سه گام ساده یک کمپین تبلیغاتی موفق راه بیندازیم؟
- چگونه اثرگذاری تبلیغات خود را بسنجیم: آشنایی با مدل داگمار

- چرا برخی در رسیدن به اهدافشان موفق هستند، اما بعضی دیگر نه؟
- هفت مهارت پایه برای آنها که می‌خواهند بازاریاب خوبی باشند
- هوش فرهنگی‌تان چقدر است؟
- هوش پیشرفت چیست؟ تکنیکهایی برای آنکه فرصت‌یابی بهتر باشیم
- چگونه زیاد کار کنیم و کم خسته شویم؟
- با سندرم کارشیفتگی آشنا شویم
- مدیریت استرس و مهندسی افکار
- مدیریت ژاپنی: برنامه‌ریزی چابک در خانواده سازمانی و شخصی
- فهرست بازبینی (چک لیست) مدیریت زمان در خانه و محیط کار
- مهارتهای پایه‌ای برای درخشش در مصاحبه‌های شغلی
- برند خود را بسازید
- باز کشف خود: چگونه برند خود را تعریف کنیم
- برند خود را متر کنید؟
- مدیریت برداشت و نکاتی درباره‌ی خودارتقایی
- سه راهکار برای معماری برندهای شخصی
- برند برتر یعنی گاو پیشانی بنفش باشیم
- چگونه با کارت ویزیت خود بازاریابی کنیم؟
- جعبه ابزار کارآفرینی؛ آیا تفکر کارآفرینی داریم؟
- چگونه کارآفرین بهتری باشیم؟
- هوش کارآفرینی خود را متر کنید
- خود راه‌اندازی، هنر کسب‌وکارهای جوان در جذب و حفظ سرمایه
- داستان یک کارآفرین؛ چگونه کودکان خود را کارآفرین بار بیاوریم؟
- کارآفرینان جوان بخوانند
- کارآفرینان جوان چه کسانی را استخدام کنند؟

- چگونه مشتری جذب‌کن باشیم؟
- چگونه در فروش بدرخشیم؟
- فروش به ناخودآگاه
- نوروسلینگ (Neuroselling)؛ اسرار فروش عصب‌پایه
- هفت دروازه‌ی ورود به بخش اشتیاق مغز خریداران
- مشتری‌شناسی؛ سناریوهای فروش
- مرگ فروشنده
- اگر در فکر ارتقای کسب‌وکار خود هستید، فروش را متوقف کنید!
- گلوگاه‌های فروش
- خون تازه در رگهای فروش
- رکود اقتصادی؛ افزایش فروش
- چگونه در شرایط نامساعد اقتصادی فروش کنیم؟
- چگونه در اقتصاد نامطلوب فروش را افزایش دهیم؟
- خرده‌فروشیهای سبز: سبز بازارها یا اکومالها (Eco-malls)
- به من نفروش، برایم داستان بگو
- فروش به سایبورگها با بازاریابی فرامدرن
- مدل ارزش‌محور در فروش
- چگونه در فرایند فروش به جای رابطه‌سوزی، رابطه‌سازی کنیم؟
- مثلث طلایی "هاد" برای مواجهه با شرایط حاد فروش
- برترین روندهای آتی فروش صنعتی
- جدال منطق و احساس در فروش؛ چگونه بهترین بهره را از این تقابل ببریم؟
- آشنایی با تکنیک سناریوسلینگ یا فروش مبتنی بر سناریو
- مدیریت انگیزه در فروش

- هفت‌خوان مدیریت انتقادات در محل کار
- مدل ۴ بخشی برای مدیریت اعتراض مشتریان
- چهار پرسش تا مشتری‌زدایی
- برای شناختن مشتریان خود، با کفش آنها راه برویم
- شایسته‌سازی مغز؛ راهبردی برای ارائه‌ی خدمات شایسته‌ی مشتری
- حساسیت اجتماعی، واکسنی برای بخش خدمات به مشتری
- هوش سبز و هوش زیست‌محیطی
- بازاریابی گفت‌وگومحور و نقش صدای مشتری در شایسته‌سازی خدمات
- هوشمندی رقابتی در خدمات
- برندسازی درون‌سازمانی: راهی برای نهادینه کردن ارزشهای مشتری‌مدارانه
- ۵ رفتار شهروندی سازمانی که موجب ارتقای خدمات به مشتری می‌شوند
- به جای کارمند بخش خدمات، پشتیبان استخدام کنیم
- ریزه‌کاریهایی که مدیران باید درخصوص ارائه‌ی خدمات به مشتریان خود بدانند
- ۱۰ فرمان مشتری نوازی
- مشتری‌نوازی؛ ۱۰ چیز که خواسته‌ی تمام مشتریان است
- ۱۰ راهکار ساده برای حفظ مشتریان
- ۱۰ راه برای بازگرداندن مشتری ناخشنود
- سندرم ماهی قرمز در مشتری‌نوازی و روشهای مقابله با آن
- ۱۰ اشتباه که باعث فرسایش مشتریان می‌شوند راه و روش شرکتهای برتر مشتری‌نوازی
- اسرار معتبرترین برندهای جهان: مشتری‌نوازی به سبک جهانی
- درسهای مشتری‌نوازی از تصویرگر رؤیاها: والت دیزنی
- داستان مشتری‌نوازی به روایت جف بزوس
- موفقیت در مشتری‌نوازی: از ثبات فورد تا سرعت ساوت‌وست در

ارائه‌ی خدمات

■ درسهای مشتری‌مداری از انیمیشن سینمایی "در جستجوی نمو"

آشنایی با فعالیتهای

▼

شرکت توسعه مهندسی بازارگستران آتی

(TMBA)

TMBA در یک نگاه

دپارتمان آموزش
آموزشگاه بازارسازان
دوره‌های آزاد
دپارتمان مشاوره
دپارتمان تحقیقات بازار
دپارتمان نشر
انتشارات بازاریابی
مجله توسعه مهندسی بازار
مجله بازاریاب بازارساز
فیلمهای آموزش بازاریابی و فروش
فروشگاه انتشارات بازاریابی
دپارتمان استعدادشناسی منابع انسانی شایسته‌بازاریابی
دپارتمان بازاریابی حسی
سایتهای بازاریابی
سایت دفتر ارتباط با دانشگاه
سایت خبری مارکتینگ‌نیوز
سایت پادکست بازاریابی
فروشگاه اینترنتی بازاریابی

نشانی: تهران، خیابان آزادی، جنب مترو آزادی، خیابان شاهین، پلاک ۶، طبقه ۳،
صندوق پستی: ۱۳۴۴۵/۱۳۴۵ - تلفن: ۴-۶۶۰۲۸۴۰۱ - فاکس: ۶۶۰۲۸۴۰۵ - همراه: ۰۹۱۲۱۹۹۴۲۸۱
www.TMBA.ir Email: info@TMBA.ir

شرکت توسعه مهندسی بازار گستران آتی
(TMBA)

شرکت توسعه مهندسی بازارگستران آتی، تنها شرکت بازاریابی در ایران است که تمامی فعالیتهای آموزش بازاریابی، مشاوره بازاریابی، تحقیقات بازاریابی، انتشارات بازاریابی (کتابهای بازاریابی و مجله‌ی بازاریابی با عنوان توسعه مهندسی بازار، و بازاریاب بازارساز)، استعدادشناسی منابع انسانی شایسته‌ی بازاریابی، و بازاریابی حسی را بر عهده دارد.

- **شماره‌ی ثبت:** ۲۳۷۸۰۸
- **سال تأسیس:** ۱۳۸۳

• مدیریت TMBA:

مدیریت گروه TMBA بر عهده‌ی پرویز درگی، مدرس دوره‌های تخصصی بازاریابی در مقطع کارشناسی ارشد دانشگاهها، مشاور و محقق بازاریابی است.

نشانی: تهران، خیابان آزادی، جنب مترو آزادی، خیابان شاهین، پلاک ۶، طبقه ۳
تلفن: ۴-۶۶۰۲۸۴۰۱ - همراه: ۰۹۱۲۱۹۹۴۲۸۱
www.TMBA.ir Email: info@TMBA.ir

• رسالت TMBA:

ارتقای سطح کسب‌وکار بنگاههای اقتصادی طرف قرارداد با ارائه‌ی خدمات آموزشی، مشاوره، تحقیقات، و نشر مباحث بازاریابی به نحوی که بتوانیم ارزش مطلوبتری را برای مشتریان ارائه دهیم و در راستای رسیدن به هدفهای فوق در فضای رقابتی موفق باشیم.

• شعار خانواده‌ی TMBA:

امید، آگاهی و مهارت را با دقت، سرعت و کیفیت عرضه می‌کنیم.

• دپارتمان آموزش/ آموزشگاه بازارسازان

طراحی و برگزاری دوره‌های آموزشی با هدف توسعه‌ی مهارتها و مشاغل حوزه‌ی بازاریابی و فروش، بر عهده‌ی این دپارتمان و آموزشگاه بازارسازان است. مخاطبان این برنامه‌های آموزشی، مدیران عالی، مدیران بازاریابی و فروش، سرپرستان فروش، فروشندگان حرفه‌ای و ویزیتورها هستند.

▪ ثبت‌نام و اطلاعات بیشتر:

www.Marketingschool.ir www.Bazarsazanschool.ir

• دپارتمان مشاوره:

تدوین استراتژی بازاریابی، تهیه‌ی برنامه‌ی بازاریابی، طراحی و پیاده‌سازی

Email: info@TMBA.ir www.TMBA.ir

سازمان بازاریابی و فروش از آغاز تا انجام (A تا Z)، چگونگی ارتقای فروش، و مشاوره در ابعاد مختلف تبلیغات، صادرات، قیمت‌گذاری، توزیع، برندینگ و... را این دپارتمان عهده‌دار است.

■ اطلاعات بیشتر:

www.Marketingconsulting.ir

• دپارتمان ارزیابی و پرورش استعدادهای بازاریابی و فروش

این دپارتمان با تمرکز بر فرایندهای حوزه‌ی مدیریت منابع انسانی، با ارائه‌ی راهکارهای مؤثر برای جذب و استخدام نیروهای شایسته، و توسعه‌ی مهارتهای حرفه‌ای و بهبود عملکرد تیم فروش، زمینه‌ی توسعه‌ی کسب‌وکار کارفرمایان خود را فراهم می‌سازد.

■ اطلاعات بیشتر:

www.Marketingjobs.ir

• دپارتمان تحقیقات بازار

طرح شناخت (مطالعه‌ی محیط داخلی بنگاه اقتصادی) تحقیقات تست ایده، تست محصول، سنجش صدای مشتری، سهم بازار، به همراه موضوعات متنوع تحقیقات بازار را این دپارتمان بر عهده دارد.

■ اطلاعات بیشتر:

www.Marketing-Research.ir

نشانی: تهران، خیابان آزادی، جنب مترو آزادی، خیابان شاهین، پلاک ۶ طبقه ۳

تلفن: ۴-۶۶۰۲۸۴۰۱ - همراه: ۰۹۱۲۱۹۹۴۲۸۱

www.TMBA.ir   Email: info@TMBA.ir

• دپارتمان بازاریابی حسی – میدانی

فعالیتهای این دپارتمان در دو حوزه‌ی بازاریابی حسی، و بازاریابی میدانی است. این دپارتمان متخصص برگزاری پروژه‌های میدانی از قبیل سمپلینگ، بازارپردازی، خرید مخفی، و... همچنین طراحی، اجرا و اندازه‌گیری اثربخشی پروژه‌های بازاریابی حسی و تجربه‌ی زنده‌ی برند است.

■ اطلاعات بیشتر:

www.Fieldmarketing.ir   www.Experientialmarketing.ir

• دپارتمان نورومارکتینگ

TMBA در ایران به عنوان متحول‌کننده‌ی رشته‌های مدیریت بویژه مدیریت بازاریابی، و بر پایه‌ی روابط و مناسباتی که با برترین دانشگاه‌های پیشرو، مجامع علمی، استادان برجسته‌ی دانشگاهی و مؤسسات برتر جهانی در حوزه‌ی "نورومارکتینگ" دارد، در رشته‌ی بازاریابی، آغازگر تحولات بازاریابی نوین (عصب‌شناسی + بازاریابی) است.

■ اطلاعات بیشتر:

www.NeuroMarketing.ir

• بانک مقالات بازاریابی / دفتر ارتباط با دانشگاه

بانک مقالات بازاریابی حاوی ۳۰۰۰ مقاله‌ی علمی پژوهشی است به نشانی

www.marketingarticles.ir.

نشانی: تهران، خیابان آزادی، جنب مترو آزادی، خیابان شاهین، پلاک ۶ طبقه ۳

تلفن: ۴-۶۶۰۲۸۴۰۱ - همراه: ۰۹۱۲۱۹۹۴۲۸۱

www.TMBA.ir   Email: info@TMBA.ir

دفتر ارتباط با دانشگاه حاوی اخبار فعالیتهای علمی پژوهشی است در حوزه‌ی بازاریابی و یا رشته‌های مرتبط نظیر MBA، روانشناسی، مدیریت، و...

■ **اطلاعات بیشتر:**

www.Universityandmarket.ir

● مارکتینگ نیوز

مارکتینگ نیوز، سایت خبری است که وظیفه دارد اخبار حوزه‌های مختلف علمی، بازاریابی، تبلیغات، و... را در ایران و جهان انعکاس دهد. سایت مارکتینگ نیوز از سال ۱۳۸۷ تاکنون با ارائه‌ی تازه‌ترین اخبار در حوزه‌های مختلف بازاریابی، و... با استادان و مدیران در حوزه‌های مختلف بخصوص مارکتینگ، گفت‌وگو کرده است.

■ **اطلاعات بیشتر:**

www.MarketingNews.ir

● انتشارات بازاریابی

۶۰ عنوان کتاب تاکنون در انتشارات بازاریابی چاپ و منتشر شده است.

■ **آغاز فعالیت:** ۱۵ خرداد ۱۳۹۰

■ **مدیر اجرایی:** احمد آخوندی

نشانی: تهران، خیابان آزادی، جنب مترو آزادی، خیابان شاهین، پلاک ۶ طبقه ۳
تلفن: ۴-۶۶۰۲۸۴۰۱ - همراه: ۰۹۱۲۱۹۹۴۲۸۱
www.TMBA.ir   Email: info@TMBA.ir

◼ **اطلاعات بیشتر:**

www.Marketingpublisher.ir   www.Marketingbooks.ir

• مجله‌ی توسعه مهندسی بازار

هشت سال انتشار پی‌درپی و منظم دوماهنامه‌ی توسعه مهندسی بازار حاوی گفت‌وگو با بزرگان بازاریابی ایران و جهان، تازه‌ترین اخبار بازاریابی و فروش شرکتهای برجسته‌ی جهانی را در این نشریه بخوانید.

◼ **آغاز فعالیت:** بهار ۱۳۸۶

◼ **سردبیر:** محسن جاویدمؤید

◼ **مخاطب اصلی:** مدیران عامل و مدیران بازاریابی و فروش

◼ تمام گلاسه، تمام رنگی، ۸۰ صفحه

◼ **اطلاعات بیشتر:**

www.Marketingmag.ir

• مجله‌ی بازاریاب بازارساز

مجله‌ای با نگرش کاملاً کاربردی حاوی مقالات، گزارشها، مصاحبه‌های اختصاصی و اخبار بازاریابی، فروش، پخش و توزیع. خواندن این مجله، بازاریابی و فروش را برای مخاطبان آسان و لذت‌بخش می‌کند و اطلاعات جامعی را در اختیار آنها قرار خواهد داد.

نشانی: تهران، خیابان آزادی، جنب مترو آزادی، خیابان شاهین، پلاک ۶، طبقه ۳

تلفن: ۶۶۰۲۸۴۰۱-۴ - همراه: ۰۹۱۲۱۹۹۴۲۸۱

www.TMBA.ir   Email: info@TMBA.ir

■ **سردبیر:** محمدرضا حسن‌زاده جوانیان

■ **مخاطب اصلی:** مدیران بازاریابی و فروش، بازاریابان، فروشندگان، ویزیتورها و موزعان

■ **رنگی، ۶۴ صفحه**

■ **اطلاعات بیشتر:**

www.Marketermag.ir

● شرایط چاپ "کتاب" و مطالب در "انتشارات بازاریابی"، و مجلات "توسعه مهندسی‌بازار"، و بازاریاب بازارساز

۱. موضوعات تازه‌ی بازاریابی

۲. نثر روان و کاربردی همراه با مطالعات موردی

۳. مطالعات بین رشته‌ای از اولویت چاپ برخوردارند

۴. پرهیز از موضوعات کلی، دوری از واژه‌های فنی

● لوح‌های فشرده (سی‌دی بازاریابی، دی‌وی‌دی) بازاریابی

تولید متون آموزشی در قالب سی‌دی، دی‌وی‌دی به زبان انگلیسی با زیرنویس فارسی، شامل:

۱- آموزش بازاریابی: مجموعه فیلمهای آموزش بازاریابی از دانشگاه هاروارد (به زبان انگلیسی با زیرنویس فارسی)

نشانی: تهران، خیابان آزادی، جنب مترو آزادی، خیابان شاهین، پلاک ۶، طبقه ۳

تلفن: ۴-۶۶۰۲۸۴۰۱ - همراه: ۰۹۱۲۱۹۹۴۲۸۱

www.TMBA.ir   Email: info@TMBA.ir

۲- **آموزش فروش:** مجموعه فیلمهای آموزش فروش (به زبان انگلیسی با زیرنویس فارسی)

- **اطلاعات بیشتر:**

www.Marketingshop.ir

• فروشگاه انتشارات بازاریابی

فروشگاه انتشارات بازاریابی تنها فروشگاه تخصصی بازاریابی در ایران است که از سال ۱۳۹۱ جنب دانشگاه تهران تأسیس و آغاز به کار کرد.

- **اطلاعات بیشتر و خرید کتابهای بازاریابی:**

www.Marketingshop.ir

- **نشانی:** تهران، میدان انقلاب، ابتدای خیابان ۱۲ فروردین، مجتمع کتاب فروردین، طبقه همکف، پلاک ۱
- **تلفن:** ۶۶۴۰۸۲۵۱ (۰۲۱) و ۶۶۴۰۸۲۷۱ (۰۲۱)

• فروشگاه اینترنتی

شما می‌توانید با مراجعه به پورتال شرکت TMBA، یا سایت فروشگاه اینترنتی TMBA به‌نشانی اینترنتی www.MarketingShop.ir، محصولات فرهنگی حوزه‌ی بازاریابی (کتابها، نشریات، وی‌سی‌دی یا دی‌وی‌دی) را سفارش دهید یا تلفنی سفارش خود را دستور دهید.

نشانی: تهران، خیابان آزادی، جنب مترو آزادی، خیابان شاهین، پلاک ۶، طبقه ۳
تلفن: ۴-۶۶۰۲۸۴۰۱ - همراه: ۰۹۱۲۱۹۹۴۲۸۱
www.TMBA.ir Email: info@TMBA.ir

در این سایت، بیش از ۳۰۰۰ عنوان کتاب، لوح‌های آموزشی صوتی و تصویری، و مجله از ناشران تخصصی بازاریابی و فروش سراسر کشور گردآوری شده‌اند.

نشانی: تهران، خیابان آزادی، جنب مترو آزادی، خیابان شاهین، پلاک ۶، طبقه ۳

تلفن: ۴-۶۶۰۲۸۴۰۱ - همراه: ۰۹۱۲۱۹۹۴۲۸۱

www.TMBA.ir   Email: info@TMBA.ir

چند کتاب دیگر از استاد درگی در انتشارات کیدزوکادو

برای تهیه کتاب ها از آمازون یا وبسایت انتشارات می توانید بارکدهای زیر را اسکن کنید

kphclub.com

Amazon.com

Kidsocado Publishing House
خانه انتشارات کیدزوکادو
ونکوور، کانادا

تلفن : ۸۶۵۴ ۶۳۳ (۸۳۳) ۱+
واتس آپ: ۷۲۴۸ ۳۳۳ (۲۳۶) ۱ +
ایمیل:info@kidsocado.com
وبسایت انتشارات: https://kidsocadopublishinghouse.com
وبسایت فروشگاه: https://kphclub.com